KB211922

엄마가 희망입니다

엄마가 희망입니다

글 김영봉 | 그림 김덕용

1판 1쇄 발행 2009. 10. 19 | **1판 2쇄 발행** 2009. 11. 3 | **발행처** 포이에마 | **발행인** 김도완 | **등록번호** 제300 -2006-190호 | **등록일자** 2006. 10. 16 | 서울특별시 종로구 경운동 89-4 운현궁 SK허브 102-712 우편 번호 110-310 | 마케팅부 02)730-8647, 편집부 02)730-8648, 팩시밀리 02)730-8649

값은 뒤표지에 있습니다. ISBN 978-89-93474-17-6 03230 | **독자의견 전화** 02)730-8647 | **이메일** masterpiece@poiema.co.kr | 좋은 독자가 좋은 책을 만듭니다. | 포이에마는 독자 여러분의 의견에 항상 귀를 기울이고 있습니다.

엄마가 희망입니다

김영봉 지음

포이에마
POIEMA

어느 날 아내가 교우에게서 신경숙의 《엄마를 부탁해》(창비, 2008)라는 소설책을 빌려와 읽기 시작했습니다. 가끔 눈물을 훔치며 책을 읽는 아내를 지켜보면서 저는 지레 겁을 먹었습니다. 얼마 전, 한국을 방문하는 짧은 시간 동안 부모님을 뵐 때면 와락 눈물이 쏟아질 뻔했던 적이 한두 번이 아니었습니다. 그때마다 가슴에서 치고 올라오는 감정을 다독이며 애써 견뎌야했습니다. 그렇게 가까스로 마음을 추슬렀는데 그 책을 읽으면 막혀 있던 둑이 터지듯 그대로 와르르 무너질 것만 같았습니다.

아내가 다 읽고서 응접실 탁자에 올려놓은 그 책은 며칠 동안 저를 괴롭혔습니다. 한국을 방문했던 당시, 한국에 '엄마 신드롬'이 일어나고 있고 그 신드롬을 이끌어가는 것이 바로 이 소설이라는 기사를 읽었던 기억이 났습니다. 어머니에 대한 제 마음도 특별했고, 한국에서 엄마 신드롬이 일고 있다니 꼭 한번 읽어보고 싶었습니다. 하지만 억눌렀던 감정이 폭발할 것만 같아서 며칠을 머뭇거렸습니다.

"안 읽을 거면 돌려줄게요."

아내의 협박 아닌 협박에 떠밀려 며칠이 지나서야 슬그머니 책을 손에 들었습니다. 아니나 다를까. 한국 방문 중에 애써 피하고 참았던 눈물이 계속 흘러내렸습니다. 때로는 혼자 엉엉 울기도 했습니다. 울다 지쳐 책을 덮어두고 한참 있다가 다시 읽기를 반복했습니다. 참으로 어려운 책읽기였습니다.

책을 다 읽은 뒤에도 이 소설은 저를 쉬이 놓아주지 않았습니다. 이 책은 부모님으로부터 받은 사랑과 은혜를 다시 생각하게 해주었고, 제가 얼마나 불효했는지 깨닫게 만들었습니다. 참으로 뼈아픈 깨달음이었습니다. 더불어 아내를 대하는 저의 태도를 반성하게 되었고, 아이들에 대한 저의 사랑을 되짚어보게 되었습니다. 사랑과 용서, 이별에 대해 참으로 많은 생각을 하게 했습니다.

그러다 이 충격과 감동, 회한과 반성을 교우들과 함께 나누고 싶어졌습니다. 그래서 5주간 《엄마를 부탁해》를 주제로 연속 설교를 하기로 하고, 한 달 동안 전 교인들에게 이 소설을 읽게 했습니다. 이 책은 제가 섬기는 교회에서 2009년 5월 한 달 동안 했던 연속 설교를 다시 정리하고 살을 붙인 것입니다.

'신실한 신자는 성경만 읽으면 된다'고 오해하는 사람들이 더러 있습니다. 참으로 위험한 생각입니다. 어느 시인이 그랬습니다. "까막눈보다 한 권의 책만 읽은 사람이 더 무서운 법"이라고 말입니다. 감리교회의 창시자인 존 웨슬리는 자신을 가리켜 '한 책의 사람'이라고 했는데, 여기서 '한 책'은 성경을 의미합니다. 그러나 이렇게 말한 존 웨슬리는 다방면에 걸쳐 놀라우리만치 많은 책을 읽었던 사람입니다. 광범위한 독서로 안목이 열려야만 성경을 제대로 이해할 수 있다고 믿었기 때문입니다. 성숙한 그리스도인이 되려면 성경을 제일 중요한 책으로 삼되 다른 좋은 책들을 벗으로 삼아 함께 읽어야 합니다.

진리를 추구하는 데 있어 가장 믿을 만한 도구는 문학과 예술이라고 생각합니다. 저는 학교에서 '예수에 대한 역사적 연구Historical Study of Jesus'라는 분야를 전공했습니다. 이 분야를 공부하면서 예수님에 대한 역사 연구서를 많이 읽었습니다. 특히 칼릴 지브란의 《사람의 아들 예수》를 읽으면서 어떤 신학자보다도 깊이 있는 통찰을 만날 수 있었습니다. 그의 글을 읽으면서 문학가의 직관력이 학자의 분석력보다 더 깊을 수 있다는 사실을 확인했습니다. 제게 문학가의 자질이나 예술가로서의 소양이 조금이라도 있었다면, 진로를 바꾸었을지도 모릅니다. 진리를 추구하는 방법으로 문학이나 예술의 길이 신학의 길보다 더 나아보였기 때문입니다.

모름지기 문학과 예술은 인간으로 하여금 근원적인 문제들을 다시 생각하게 하고, 그 문제들을 붙들고 씨름하게 만들어야 합니다. 이런 점에서 요즈음의 문학과 예술은 대부분 길을 잃은 듯합니다. 다행히 흔치는 않지만 문학과 예술 본연의 책임을 다하는 작가들이 있음에 감사드립니다. 소설가 신경숙도 그런 작가들 중 하나인 것 같습니다. 이 때문에 그녀의 작품을 가지고 '말씀과 문학의 만남'을 시도하게 되었습니다. 성경 말씀도 결국 인간의 근본적인 문제에 천착하고 있기 때문입니다.

《엄마를 부탁해》는 종교 소설이 아닙니다. 일반 소설을 가지고 '말씀과 문학의 만남'을 시도한다니 의아해하는 분들도 계셨습니다. 하지만 종교 소설이나 신앙 소설은 이런 작업을 하기에는 너무도 '빤한' 경향이 있습니다. 대체로 성찰의 깊이도 부족하고, 주제가 너무 두드러지고 구호에 가까운 주장 일색입니다. 몇 년 전에 영화〈밀양〉을 가지고 '말씀과 문화의 만남'을 시도했는데, 그때에도 종교 영화나 선교 영화가 아니었기에 가능했습니다. (이 연속 설교는《숨어 계신 하나님》이라는 제목으로 IVP에서 출간되었습니다.)

연속 설교를 하던 중 출간 제의를 받았습니다. 다른 사람의 베스트셀러에 무임승차하려는 것 같아서 처음에는 주저했습니다. 하지만 연속 설교가 끝나자, 제한된 설교 시간 때문에 미처 다 하지 못한 이야기를 마저 풀어놓고 싶은 마음이 생겼습니다. 그래서 조심스럽지만 설교 때 못했던 이야기를 보완하여 책으로 내기로 했습니다. 이 책이 신경숙 작가에게 결례가 되지 않기를 바랍니다.

이 책을 손에 든 분들에게는 소설 《엄마를 부탁해》를 먼저 읽으라고 권하고 싶습니다. 이 작품을 읽으면서 문학의 향기에 취해도 보고, 깊은 생각에 잠겨 보길 바랍니다. 그런 다음에 저의 책을 읽으면 훨씬 더 유익할 것입니다.

이 책은 일차적으로 믿음을 가진 분들을 대상으로 썼지만, 그렇지 않은 분들도 마음을 열고 읽으면 도움이 되리라 생각합니다. 부디 설교를 준비하고 이 책을 쓰는 동안 제게 역사하셨던 성령께서 이 책을 읽는 분들에게도 동일하게 역사하시기를 기도합니다. 독자 여러분의 깊은 성찰과 변화를 기대합니다

2009년 10월

버지니아에서

차례

이야기를 시작하며

첫 번째 이야기 **잊은 것은 잃은 것이다** · 13

박소녀 실종 사건 | 잊은 것은 잃은 것 | 나의 박소녀 | 사랑을 찾으라 | 희생
은 숭고하다 | 자발적 고난 | 뚜껑을 깨라 | 그 사람을 가졌는가 | 영원한 그
늘 | 묵상의 씨앗

두 번째 이야기 **사랑은 늘 배고프다** · 63

어머니는 사랑이다 | 사랑의 충격 | 미안하다는 말밖에 | 그래도 되는 줄 알
았던 | 사랑이 없으면 | 사랑보다 좋은 약은 없다 | 구원하는 능력, 사랑 | 십
자가, 그 사랑 | 묵상의 씨앗

세 번째 이야기 **누구나 마음은 같다** · 103

처음부터 엄마인 사람 | 엄마에게도 오빠가 있었다 | 나는 이런 옷 입으면 안
된다니? | 내면을 들여다보라 | 낭만에 대하여 | 예수 가출 사건 | 자식은 손
님이다 | 나를 아세요? | 자기 사랑에 관하여 | 내 모습 이대로 | 묵상의 씨앗

네 번째 이야기 **용서가 길이다** · 159

미운 사람들 | 위험에 빠진 가정 | 미/고/사를 노래하며 | 용서보다 더 어려운 것 | 알고 보면 | 네가 받은 용서를 기억하라 | 그게 바로 당신이오! | 아직 기회가 있을 때 | 너무 늦은 때는 없다 | 묵상의 씨앗

다섯 번째 이야기 **모성이 희망이다** · 203

'부탁'이라는 말 | 엄마를 부탁해 | 영적 모성 | 모성이 충만한 사회 | 내 가족을 부탁해 | 하나님 나라, 그 모성적 사회 | 모성적 지도력 | 모성이 충만한 교회 | 하나님 어머니? | 묵상의 씨앗

이야기를 마치며

부록 그룹 스터디 가이드

부록 수양회 가이드

"엄마를 잃어버린 지 일주일째다"라는 말은
곧 "엄마를 잊고 산 지 일주일째다"라는 말과 같습니다.

잊은 것은 잃은 것이다

"엄마를 잃어버린 지 일주일째다"

박소녀 실종 사건

"엄마를 잃어버린 지 일주일째다."《엄마를 부탁해》는 이 문장으로
이야기를 시작합니다. 에필로그도 "엄마를 잃어버린 지 구 개월째다"
라는 유사한 문장으로 시작합니다. '엄마의 실종'이 이 소설의 중심
소재인 셈입니다.

　생일상을 받으러 상경한 박소녀 할머니가 서울역에서 그만 실종되
었습니다. 박소녀 할머니의 남편은 지하철 출입문이 열리자 당연히
아내가 따라 들어올 줄 알고 차를 탔는데, 지하철을 타고 보니 아내
가 없었습니다. 다음 정거장에서 내려 아내와 헤어진 지하철 서울역

으로 다시 가보았으나 아내는 이미 사라지고 없습니다. 서울에 사는 자식들은 잃어버린 어머니를 찾기 위해 온갖 노력을 다하지만, 끝내 찾지 못합니다. 치매를 앓고 있는 어머니를 잃어버린 지 구 개월째라 면, 이제는 찾을 가망이 거의 없다고 할 수 있습니다. 소설의 후반부 에는 실종된 박소녀 할머니가 이미 이 세상 사람이 아니라는 인상을 풍깁니다.

　"엄마를 잃어버린 지 일주일째다"라는 말은 곧 "엄마를 잊고 산 지 일주일째다"라는 말과 같습니다. 책 뒤에 실린 문학평론가의 해설이 나 작가의 말을 읽지 않더라도, 웬만한 안목이 있는 독자라면 능히 짐작할 수 있는 대목입니다. 작가 신경숙은 집을 떠난 지 거의 삼십 년 만에 어머니와 보름 동안 함께 지내면서 자신이 얼마나 엄마를 잊 고 살았는지, 엄마의 존재를 무시하며 지냈는지를 절감하게 되었다 고 고백합니다. 그것이 이 소설을 쓰게 된 동기가 되었던 것 같습니 다. 이 소설은 작가 스스로 잊고 살았던 어머니를 재인식하는 과정이고, 많은 독자들에게 동일한 전기를 마련해주고 있습니다.

보통의 소설들은 "나는…"으로 시작하는 '일인칭 시점'으로 이야기를 이끌어가거나, "그는…"이라는 대명사를 통해 '전지적 작가 시점'으로 이야기를 풀어나갑니다. 그런데 이 소설은 특이하게도 장마다 화자를 달리해 시점의 전환이 이루어집니다. 큰딸의 시각에서 이야기를 풀어가는 1장에서는 "너는…"이, 큰아들의 이야기를 풀어놓는 2장에서는 "그는…"이 사용됩니다. 남편의 이야기가 전면에 나오는 3장에서는 "당신은…"이 사용되고, 4장에서는 어머니의 시점에서 둘째 딸에 대해 말합니다. 그리고 다시 큰딸의 이야기가 전개되는 에필로그에서는 "너는…"이라고 말합니다.

이것은 재판정에서 '박소녀 실종 사건'에 대해 가족들을 한 사람씩 불러내어 고발하는 장면을 연상시키는 설정입니다. 작가는 마치 검사처럼, 박소녀를 실종되도록 방치하여 객사하게 만든 가족들을 차례로 불러다가 재판정에 세웁니다. 그리고 이렇게 말합니다.

"박소녀 씨, 진술하세요. 큰딸이 당신에게 어떻게 했지요? 남편은 요? 큰아들은 어떻게 했습니까? 둘째 딸과 둘째 아들은요? 아, 여기 시누이도 있군요. 당신을 평생 종처럼 부려먹고 방치하다가 마침내 는 길 잃고 객사하게 만든 이 비정한 가족들을 고발하세요."

그러자 박소녀는 일어나 자신을 잊고 살았던 가족 한 사람 한 사람을 쳐다보면서 이야기를 풀어냅니다. 하지만 그 이야기는 고발의 내용이 아닙니다. 한 치의 원망도 없습니다. 박소녀는 자신을 객사하게 만든 가족들을 두고 이렇게 말하는 것 같습니다.

"검사님, 제 가족들을 그냥 두세요. 다 내 박복한 탓이고, 다 살기 바빠서 그런 거지요. 그냥 두세요. 나는 아무도 탓하거나 고발할 마음이 없습니다. 그러니 저를 그냥 보내주세요."

잊은 것은 잃은 것

　일평생 자신을 무시하고 살았던 가족들을 책망하지도 원망하지도 않고, 오히려 더 사랑하지 못한 자신을 자책하는 박소녀의 진술은 가족들을 더 부끄럽게 만들고 죄스러운 마음이 들게 합니다. 차라리 목 놓아 울면서 "내 인생 어쩔 거야? 내 인생 돌려줘! 나를 이렇게 만들고 니들은 잘 살 것 같아"라고 원망이라도 하면 좀 낫겠습니다.

　남편의 이야기가 나오는 3장에는 이런 대목이 나옵니다. 어느 날 박소녀는 자식들이 추렴하여 매달 60만 원씩 보내주는 용돈을 모두 자기가 알아서 쓰겠다고, 용도도 묻지 말라고 합니다. 자식들 다 키워냈으니 그만한 자격은 있다면서 당당히 요구합니다. 남편은 아내의 단호한 기세를 거스를 마음이 생기지 않아 그렇게 하라고 허락했습니다. 가끔 아내가 그 돈을 어디에 쓰고 있는지 궁금하기는 했지만, 묻지 않기로 했으니 묻지도 못했습니다.

　아내를 잃고서야 남편은 그 용도를 알았습니다. 아내가 십 년 동

안이나 자식들이 보내주는 60만 원 중에서 45만 원을 떼어내 매달 고아원에 보냈다는 사실을 알게 됩니다. 뿐만 아니라 아내는 소망원을 직접 찾아가 아이들 목욕이며 청소도 거들었습니다. 소망원 직원이 너무 고마워서 뭔가 보답할 것이 없냐고 물었더니, 자기가 좋아하는 책을 읽어주면 고맙겠다고 했습니다. 글을 읽지 못하던 박소녀는 소설가로 출세한 큰딸의 소설을 소망원 직원에게 읽어달라고 부탁했던 것입니다. 그 대목에서 남편은 지난날을 돌아보며 이렇게 자책합니다.

아내가 딸이 쓴 책을 읽어달라고 했으면 그때의 당신이 읽어주기는 했을까? 아내를 잃어버리기 전에 당신은 아내를 거의 잊고 지냈다. 잊고 지내지 않을 때는 대부분 무엇을 청하거나 탓하거나 방치했다. 습관이란 무서운 것이었다. 다른 사람들 앞에서는 공손한 말씨를 쓰다가도 아내에게만 오면 말투가 퉁명스럽게 변했다. 가끔은 이 지방 사람들만이 쓰는 욕설이

튀어나오기도 했다. 당신은 공손한 말투는 아내에게 써서는 안 된다고 어디 책에 나와 있는 것처럼 굴었다. 그랬다. _147~148쪽

우리나라 말로 '남편' 이란 '남을 편하게 해주는 사람' 혹은 '남이 편하게 느끼는 사람' 이라는 뜻이라고 합니다. 다른 사람 다 편하게 해주는 남편이 정작 아내는 편하게 해주지 않습니다. 그래서 다른 사람 다 편하게 느끼는 남편을 아내만큼은 편하게 느끼지 못합니다. 박소녀의 남편은 남편 중에서도 '남' 편이었습니다.

자식들도 별반 다르지 않았습니다. 큰딸 역시 자신이 엄마에게 했던 행동을 생각하면 후회와 자책만 남습니다.

도시로 나온 뒤의 너는 어땠는가. 너는 엄마에게 늘 화를 내듯 말했다. 엄마가 뭘 아느냐고 대들듯이 말했다. 엄마가 돼서 왜 그래? 책망하듯이 말했다. 엄마가 알아서 뭐 할 건데? 무시하듯 말했다. _45쪽

제가 아는 어떤 분은 이 대목에서 목 놓아 울었다고 합니다. 친정어머니가 살아계실 때, 자신이 어머니에게 했던 말투와 너무도 닮았기 때문이었습니다.

여기에서 작가는 독자들에게 암시적이지만 아주 분명한 메시지를 던집니다. 박소녀는 실종되기 전부터 이미 가족 모두에게 실종된 상태였다는 사실입니다. 작가는 이 소설을 통해 독자들에게 다음과 같은 질문을 던지고 싶은 것입니다. "당신이 사랑하는 사람은 지금 어디에 있습니까? 당신이 가장 사랑해야 하고 당신을 가장 사랑하는 그 사람을 당신은 잊고 있지 않습니까?"

우리는 이 소설을 읽으면서 진실로 사랑받고 사랑해야 할 사람을 잊고 사는 것이 가장 큰 실패이며 결함이고 문제임을 깨닫습니다. 소설가로 성공한 큰딸의 삶에는 엄마를 잃고 나서 커다란 구멍이 뚫려버렸습니다. 큰아들도 건설 회사에서 나름대로 성공했다 할 수 있지만 그 모든 성공이 빛을 잃었습니다. 가끔 한밤중에 일어나 밤거리를 쏘다니지 않고는 견딜 수 없는 커다란 어둠이 그의 마음을 짓누릅니다. 이룬 것도 가진 것도 없는 박소녀의 남편과 시누이의 마음에도 채울 수 없는 큰 구멍이 뚫려버렸습니다. 사랑하고 사랑받아야 할 사람을 잃는 것 혹은 잊고 사는 것이 우리 삶에 얼마나 큰 상실인가를 여기서 발견하게 됩니다.

나의 박소녀

혹시 우리는, 삶에서 가장 중요한 것을 '잃어버리고' 살아가는 것은 아닐까요? 잃어버리지 않았다면 '잊고' 산 것은 아닙니까? 잃어버린 것도 아니고 잊고 산 것도 아니라면, '무시하고' 산 것은 아닙니까? 잃어버리지도 잊지도 않았으며 무시한 것도 아니라면, 진실로 그 사랑에 감사하며 귀히 여기고 마음 다해 사랑하며 살고 있습니까?

이 소설은 단순한 소설이 아니라 우리의 이야기입니다. 너 나 할 것

없이 우리 모두는 아내를 무시하고 박대한 남편이며, 자기 살기에 바빠 엄마를 잊고 산 자식들입니다. 정도의 차이는 있겠지만, '난 예외야'라고 큰소리칠 사람은 별로 없을 것입니다. 우리는 삶의 현장에서 '박소녀'를 만들어낸 공범자일 가능성이 큽니다.

김시천 시인이 동구 밖에 서 있는 고목을 보고 어머니를 떠올리며 쓴 시가 있습니다. 이 시는 소설《엄마를 부탁해》만큼이나, 사랑하는 사람을 잊고 살았던 우리의 허물을 날카롭게 지적합니다.

내가
그러진 않았을까

동구 밖
가슴살 다 열어놓은
고목나무 한 그루

그 한가운데

저렇게 큰 구멍을

뚫어 놓고서

모른 척 돌아선 뒤

잊어버리진 않았을까

아예, 베어버리진 않았을까

_ 김시천, 〈어머니 3〉

   이 시를 읽으면서도 제 마음은 아려왔습니다. 나를 사랑해준 사람을 잊고 산다면 나는 얼마나 잔인한 사람인지요! 그 사랑에 감사하지 못하고 산다면 나는 얼마나 불행한 사람인지요! 얼마나 형편없는 사람인지요! 나를 가장 가까이에서 아끼고 사랑해주는 사람조차 제대로 알아보지 못하고 그 사랑에 보답하지 못한다면, 아무리 큰 업적을 남기고 능력 있는 사람으로 추앙받고 유명세를 얻고 부귀영화를 누린다 해도, 나는 사람답지 못한 사람으로 남을 것입니다. 낳고 키워주신 은혜는 까맣게 잊어버리고 혼자 세상에 나기라도 한 것처럼 사는 사람은 말할 것도 없고, 이따금 그 은혜를 되새기는 사람이라 해도 허물이 크게 줄어들지는 않을 것입니다.

일평생 무시당하면서도 가족을 위해 희생하다가 마침내 길 잃고 객사한 '박소녀'는 바로 제 부모님일 수도 있고, 배우자일 수도 있으며, 자식일 수도 있습니다. 저를 아끼고 사랑해주는 친구일 수도 있고, 교우일 수도 있고, 직장 동료일 수도 있습니다. "나 같은 남편 있으면 나와 보라 그래!"하고 말하고 싶으십니까? "나 같은 아버지 만난 것을 행운이라고 생각해!"라고 말하고 싶으십니까?

미국에 살면서 만난 어느 기러기 가족의 이야기입니다. 남편은 한국에서 존경받는 전문직 종사자인데, 부인이 중학생 아들을 데리고 제가 사는 지역으로 이민을 왔습니다. 그런데 이 아들이 미국 생활에 적응하지 못하고 대인 관계에도 어려움을 겪었습니다. 두뇌가 명석하여 학업 성적은 뛰어났지만, 집에서는 어머니에게 난폭하게 행동하고 학교에서는 친구들과 어울리지 못한 채 고립된 생활을 했습니다. 밤이면 문을 걸어 잠그고 컴퓨터에 빠져 있다가, 잠은 자는 둥 마는 둥하고 학교에 갑니다. 아이의 상태가 점점 나빠지자 어머니는 이곳저곳에 도움을 청했는데, 저도 그중 하나였습니다.

알고 보니 그 아이는 가슴속에 아버지에 대한 분노를 품고 있었습니다. 제가 보기에는 이 분노가 그가 가진 문제의 주된 원인이었습니다. 아이는 언젠가 아버지에게 복수하고 말겠다는 결의에 차 있었습니다. 상황이 이러하니 아이의 아버지에게 이 사실을 알리지 않고는 문제를 해결할 수 없겠다는 생각이 들었습니다. 그래서 한국에 있는 아버지와 몇 번의 이메일을 주고받았습니다. 그러나 아버지는 아들이 자신에게 분노를 품고 있다는 사실을 인정하지 못했습니다. 아무리 생각해도 자신이 아들에게 잘못한 것이 없다고 했습니다. 오히려 아들이 자신에 대해 분노를 품고 있다는 사실에 분개했습니다. 나만큼 잘해준 아버지가 있으면 나와 보라는 식의 반응을 접하고 저는 할 말을 잃었습니다. 사실 그 아버지는 전문적인 치료가 필요할 정도로 심각한 문제를 안고 있는 사람이었습니다.

그의 아들은 현실의 '박소녀' 라 할 수 있습니다. 그리고 어쩌면 그 아버지 역시 박소녀처럼 깊은 상처를 안고 살아왔는지도 모릅니다. 집 밖에서는 많은 이들의 존경을 받는 지성인이자 신앙인의 면모를 보였지만, 마음은 병들어 있었습니다. 그가 앓는 질병은 가장 사랑해야 할 가족들에게 심한 상처를 주었고, 아들뿐만 아니라 아내도 그의 폭행으로 인해 질식할 것만 같은 상태에 처해 있었습니다. 나중에야 안 일이지만, 부인이 아들을 데리고 미국으로 온 것은 남편의 폭력을 피하기 위함이었습니다.

사랑을 찾으라

작가는 이 소설을 통해 잃어버린 사랑, 잊고 지냈던 사랑, 무시하고 살았던 사랑, 언제까지나 있겠거니 하며 당연시했던 그 사랑을 다시 찾아 나서라고 우리의 등을 떠밉니다. 잃었다면 찾고, 잊었다면 기억해내고, 무시했다면 알아주고, 무심했다면 감사하라고 우리의 마음을 흔듭니다. 사랑하는 사람의 표정을 찬찬히 읽어보라고, 혹시 속으로 울고 있지는 않은지 귀 기울여 들어보라고 권합니다. 혹시 속으로 상처를 삭이고 있지나 않은지 마음속을 들여다볼 시간을 마련하라고 권합니다.

잃어버린 사랑, 잊힌 사랑을 찾아 다시 회복하는 일은 결코 쉽지 않습니다. 직면하기 싫지만 식면해야 합니다. 자식이 자신에게 커다란 분노를 품고 있다는 사실을 인정하기란 쉬운 일이 아닙니다. 분노를 품게 한 장본인이 바로 자신이라는 사실을 인정하는 것은 더더욱 어려운 일입니다. 하지만 인정하기 싫어도 인정해야 합니다. 마음이 굳어진 상태에서는 '사랑 없음'을 인정하기가 매우 어렵습니다. 떠올리기도 싫지만 떠올려야 합니다. 그리고 다시 풀어가야 합니다. 배우자와의 관계가 왜 이렇게 무너졌는지, 아이들과의 관계가 왜 이렇게 틀어졌는지, 처음으로 돌아가 그동안 걸어온 길을 되짚어보아야 합니다.

　가까이 있는 사람이 내게 주는 사랑을 알지 못하고 그것에 감사하지 못하는 사람이라면, 하나님을 알 가능성도 없다고 할 수 있습니다. 요한일서에서 거듭 말하는 바와 같이 하나님은 사랑이십니다. "사랑하는 자들아 우리가 서로 사랑하자. 사랑은 하나님께 속한 것이니 사랑하는 자마다 하나님으로부터 나서 하나님을 알고"(요일 4:7-8). 그렇기 때문에 20절에서는 이렇게 말합니다. "누구든지 하나님을 사랑하노라 하고 그 형제를 미워하면 이는 거짓말하는 자니 보는 바 그 형제를 사랑하지 아니하는 자는 보지 못하는 바 하나님을 사랑할 수 없느니라." 이 말을 좀 더 구체적으로 바꾸면 이렇습니다. "하나님을 사랑한다고 하면서 자기 형제자매를, 자기 배우자를, 자기 자식을, 자기 부모를 미워하면, 그는 거짓말쟁이입니다."

미워하는 것만 문제가 아닙니다. 사랑하지 않는 것도 문제입니다. 무관심한 것도 문제입니다. 사랑을 알아주지 않고 당연시하는 것도 문제입니다. 하나님의 사랑을 받고 하나님을 진실로 사랑하는 사람이라면 사랑에 민감해집니다. 그렇기 때문에 미워하지 않는 것에 만족하지 않습니다. 하나님의 사랑으로 사랑하기까지는 만족하지 못합니다. 그 사랑을 가장 가까운 가족에게 먼저 실천해야 합니다. 그래야만 사랑이신 하나님을 아는 사람이라 할 수 있습니다.

하지만 우리의 실제 모습은 어떻습니까? '내가 믿는 하나님은 사랑의 하나님입니다'라고 말할 용기가 우리에게 있습니까? 누군가 우리를 보고, '아니, 사랑의 하나님을 믿는다는 사람이 그렇게 행동해?'라고 되묻지는 않겠습니까?

그러므로 우리는 모두 하나님 앞에 겸손히 무릎 꿇고 자신의 사랑

없음을 통회하고 회개하는 시간을 가져야만 합니다. 진실한 무너짐은 돌파구로 이어질 때가 많습니다. 그동안 우리에게 주어졌던 사랑에 무심하고 둔감했으며, 때로는 그 사랑을 배반했던 것에 대해 먼저 하나님 앞에 자복하고 회개의 영을 구할 필요가 있습니다. 하나님께서 우리의 심령을 변화시켜주실 때, 주어진 사랑에 감사할 수 있는 마음을 얻을 수 있기 때문입니다. 그러므로 우리는 진실로 뉘우치는 마음을 주시기를, 사랑의 영을 허락해주시기를 하나님께 구해야 합니다. 내게 주어지는 사랑을 감사히 여기고 받아들이며, 그 사랑으로 가족을 사랑하고 이웃을 사랑하며, 하나님을 참되게 사랑하게끔 이끌어달라고 간구해야 합니다.

희생은 숭고하다

이번에는 방향을 바꿔 이 소설의 주인공 '박소녀'를 생각하면서 현실의 '박소녀'와 '박소년'들에게 말씀을 드리고 싶습니다. '박소녀'는 작가가 만들어낸 허구의 인물입니다. 하지만 우리 중에도 실제 박소녀가 수없이 많습니다. 정도의 차이는 있겠지만, 주변에서 그런 사람들을 만나는 것은 그리 어렵지 않습니다. 일관된 헌신과 희생, 사랑에도 불구하고 남편으로부터 무시당하고 가슴 졸이며 살아가는 아내들. 아내에게 바치는 사랑과 수고에도 불구하고 무시당하고 외면당하는 남편들. 자식에게 모든 것을 쏟아 부었건만 이제는 "알았어요", "됐어요", "몰라도 돼요", "그만 하세요"라는 말로 무시당하고 외면당하는 부모들. 부모에게 나름대로 최선을 다하지만, 그 섬김에 대해 따뜻한 말 한마디 듣지 못하는 자식들. 이들이 모두 현실 속의 '박소녀'이고 '박소년'입니다. 이런 사람들이 우리 주변에 얼마나 많은지 모릅니다.

이제 저는 그분들에게 몇 가지 말씀드리고 싶습니다. 여러분의 한숨과 근심이 풀어지는 날이 속히 오기를 기도합니다. 여러분의 사랑과 희생을 사랑하는 사람들이 알아주고 감사하는 날이 속히 오기를 바랍니다.

그런데 여러분, 한번 생각해봅시다. 이 소설에서 진실로 초라한 사람, 불행한 사람은 누굴까요? 박소녀에게 희생과 헌신을 강요했던 남편과 시누이와 자식들 아닙니까? 그들에 비하면 박소녀는 비록 끝없는 희생으로 조금씩 비어졌지만, 그 텅 빈 모습이 오히려 거룩하고 숭고해 보이지 않습니까? 십자가에 달리신 예수 그리스도의 모습이 그 아래 도열해 있던 보무당당한 로마 군인들보다 거룩하고 숭고해 보였던 것과 같은 이치입니다.

현실의 박소녀 여러분! 여러분은 숭고한 분들입니다. 여러분은 위대합니다. 여러분이 없었다면 이 세상은 얼마나 더 살기 힘든 곳이 되었을까요?

물론 이런 말로 약자에게 일방적인 희생을 강요하는 우리 사회의 풍조를 두둔하려는 것은 아닙니다. 실제로 이 소설이 전통적인 어머니상을 회복시키고 강요된 희생을 미화한다고 비판하는 사람들도 있습니다. 신경숙 작가는 한 인터뷰에서 이런 비판에 대해 매우 안타깝다는 심정을 토로했습니다. 작가가 이 작품을 통해 기대한 것은 과거에 엄마들이 져야 했던 짐을 이제 모두가 나누어 지자는 것이었기 때문입니다. 그렇습니다. 이제는 더 이상 '박소녀'가 생겨나지 말아야 합니다. 그가 홀로 짊어진 짐을 우리 모두 함께 나누어 져야 합니다.

하지만 내가 '박소녀'가 되었을 때, 우리는 어찌해야 할까요? 저항하고 투쟁하여 자신의 권리를 찾는 것도 한 방법일 것입니다. 지난 반세기 동안 진행된 여권 신장 운동이 바로 그 같은 노력이었습니다. 우리는 여권 신장 운동의 덕을 많이 보았습니다. 그로 인해 세상이 얼마나 좋아졌는지 모릅니다. 물론 아직도 개선해야 할 섬이 많이 있지만, 과거에 비하면 실로 새 세상이라 할 수 있습니다. 1989년 10월, 딸이 태어나던 날 아내의 침상 곁에서 드렸던 감사 기도를 저는 지금도 기억합니다. "하나님, 제 딸을 이 시대에 태어나게 해주셔서 감사

합니다. 주님께서 그에게 주신 꿈이 남김없이 꽃피어 나도록 도와주옵소서." 보십시오. 저항하고 투쟁하여 권리를 찾는 사람들이 있었기에 지금 우리가 이렇듯 조금은 나은 세상에 살고 있는 것입니다.

그러나 이와는 조금 다르게 고난과 희생과 아픔을 끌어안는 방법도 있습니다. 권리를 위해 투쟁하며 한 시대를 살아온 사람들에게는 이 방법이 매력도 없고 희망도 없어 보입니다. 어리석은 선택 같습니다. 자신을 버리는 일처럼 보입니다. 더욱이 진실로 큰 사람이 아니라면 이러한 선택을 할 수도 없습니다. 고난과 아픔을 끌어안는 한 사람의 헌신이 많은 사람을 살게 하는 엄청난 힘을 발휘한다는 것을 우리는 소설 속에서 발견하게 됩니다. 소설의 종결부에서 큰딸은 로마 여행을 하던 중 엄마를 회상하며 이렇게 말합니다.

한 여자. 태어난 기쁨도 어린 시절도 소녀시절도 꿈도 잊은 채 초경이 시작되기도 전에 결혼을 해 다섯 아이를 낳고 그 자식들이 성장하는 동안 점

점 사라진 여인. 자식을 위해서는 그 무엇에 놀라지도 흔들리지도 않은 여인. 일생이 희생으로 점철되다 실종당한 여인. 너는 엄마와 너를 견주어보았다. 그럼에도 불구하고 엄마는 한 세계 자체였다. _275쪽

소설가로서 나름대로 명성을 얻고 인정을 받은 큰딸은 아무것도 내세울 것 없는 어머니 앞에서 초라한 자신을 발견합니다. 사람의 크기는 오직 사랑의 크기로만 결정된다는 사실을 깨달은 것입니다.

자발적 고난

작가는 소설의 마지막을 성 베드로 성당에 있는 '피에타상' 앞에서 마무리합니다. 피에타상은 미켈란젤로가 남긴 명작 중 하나입니다. 예수님의 어머니 마리아가 십자가에 달려 죽임을 당한 아들의 시신을 안고 내려다보고 있는 조각 작품입니다. 왜 작가는 피에타상 앞에

서 이야기를 마무리했을까요? 예수님과 어머니 마리아, 그들이야말로 아무도 원망하지 않고 자신에게 주어진 고난과 아픔, 희생과 죽음을 고스란히 끌어안은 분들이기 때문입니다. 그의 한없는 '고난 흡인력'은 결국 인류를 구원하는 힘이 되었고, 참된 사랑의 능력을 증명해 보였습니다.

박소녀의 삶은 예수 그리스도를 통해 드러내 보이신 하나님의 사랑을 닮았습니다. 여권 투쟁은 종종 '네가 죽더라도 나는 살아야겠다'는 극단으로 치닫기도 합니다. 그러나 박소녀처럼 '내가 죽어 네가 산다면 나는 그 길을 가겠다'는 선택을 한 사람들도 있습니다. 십자가의 길을 걸어가셨던 예수 그리스도를 많이 닮은 사람들입니다.

이쩔 수 없이 당하는 고난을 기쁨으로 끌어안는 것이 자신에게는 물론 다른 사람들에게 유익하다는 사실을 가장 잘 알았던 사람 중 하나가 테레사 수녀입니다. 그가 세운 '사랑의선교회' 안에는 '병자와 고통 받는 사람들의 협력자회'라는 것이 있는데, 여기에는 재클린 드데커라는 여인의 이야기가 숨어 있습니다. 재클린은 벨기에 출신의 총명한 재원으로 캘커타에서 테레사 수녀와 함께 봉사할 계획을 세우고 있었습니다. 그런데 척추에 문제가 생겨 캘커타에 가기 전에 수술을 받아야 했고, 수술 후에는 전신 마비 상태에 빠지고 말았습니다. 재클린은 직접 캘커타에 가서 가난하고 병든 이들을 돕지 못하게 되자 너무 가슴 아파했습니다. 이 사실을 안 테레사 수녀는 재클린에게 편지를 보내어, 벨기에에 있는 병상에 누워서도 캘커타에서 진행되는 사역에 동참할 수 있다고 말해주었습니다. 병상에서 자신에게 주어진 고난을 기쁨으로 받아들이고, 사랑의선교회를 위해 그 고난을 하나님께 봉헌하라는 것이었습니다.

T. T. 문다켈이 쓴 《소박한 기적》이라는 책을 보면 테레사 수녀가 재클린에게 보낸 편지가 나옵니다.

항상 미소를 잃지 마십시오. 고통 받는 중에도 예수님을 향해 미소 지으십시오. 진정한 사랑의선교회 선교사가 되려면 기꺼이 희생하는 자가 되어야 하기 때문입니다. 당신이 할 일은 당신 안에 계시는 예수님이 온전히 살아계시게 받아들이는 것입니다. 그분이 주시는 것은 무엇이든 받아들이고, 그분이 가져가시는 것은 무엇이든 크게 웃으며 내어드리면서 말이지요.

이러한 믿음에 따라 테레사 수녀는 질병이나 다른 이유로 고통 받는 사람들을 사랑의선교회 회원으로 모집했습니다. 그들이 할 일은 자신이 처해 있는 상황에서 사랑의선교회를 기억하고 사역을 위해 기도하며, 자신에게 주어진 고통을 기쁨으로 견뎌내어 그 고난을 하나님께 제물로 드리는 일이었습니다. 이들이 바로 '병자와 고통 받는 사람들의 협력자회' 입니다. 테레사 수녀는 사랑의선교회의 성공 비결이 바로 여기에 있다고 말합니다.

어쩔 수 없이 당하는 고난, 부당하게 감수해야 하는 희생 혹은 강요된 헌신은 아무 의미도 갖지 못할 때가 많습니다. 하지만 그것을 기쁨으로 끌어안고 고난을 통해 하나님께 기도드리고, 자신이 당한 고난을 하나님께 제물로 바치면, 하나님은 우리가 받는 고난과 희생을 통해 놀라운 일을 이루십니다. 고난을 겪는 우리는 "고난 당한 것이 내게 유익이라 이로 말미암아 내가 주의 율례들을 배우게 되었나이다"(시 119:71)라는 기쁨의 고백을 할 수 있게 되고, 주변 사람들은 우리의 희생과 고난으로 말미암아 큰 은덕을 입을 것입니다. 이렇듯 자발적으로 당하는 고난과 희생은 자신과 이웃을 살리는 힘이 됩니다.

예수님께서 말씀하셨습니다. "한 알의 밀이 땅에 떨어져 죽지 아니하면 한 알 그대로 있고 죽으면 많은 열매를 맺느니라"(요 12:24). 이 말씀을 기억하고 현실의 '박소녀'들이 예수 그리스도를 따라 십자가의 길을 걷는 마음으로 지금 당하는 아픔과 고난과 희생을 끌어안았으면 좋겠습니다. 어쩔 수 없어서 이를 악물고 견디는 고난과 희생이 아니라, 사랑하는 사람들을 위한 조건 없는 희생으로 끌어안았으면 좋겠습니다. 그러려면 먼저 그 길을 걸어가신 예수님께 힘을 달라고 기도할 필요가 있습니다. 화禍를 복福으로 바꿀 수 있는 넓은 가슴을 구해야 합니다. 모든 아픔을 견딜 만한 힘을 구해야 합니다. 주어진 십자가를 지고 끝까지 걸어갈 수 있는 힘을 구해야 합니다. 그러면 고난의 왕이신 주님께서 함께하실 것입니다.

뚜 껑 을 깨 라

이렇게 박소녀처럼 어쩔 수 없이 당해야 하는 희생과 고난을 자신의 십사가로 알고 기쁘게 끌어안으려는 분들은 다음의 두 가지를 반드시 명심해야 합니다. 첫째, 지금 당하는 희생과 고난에서 벗어나려고 노력하고 그럴 상황이 되면 기쁘게 벗어나십시오. 둘째, 희생과 고난을 짊어지고 가는 동안 마음을 쏟아놓을 수 있는 대상을 찾으십시오. 인간이 견딜 수 있는 아픔과 고통에는 한계가 있기 때문입니다. 아무리 기쁜 마음으로 고난을 끌어안고 희생한다 해도 어느 정도 선을 넘어서면 그 기쁨도 사라지기 일쑤입니다. 더 이상 견디지 못해 마음이 무너져 내리고 맙니다. 불현듯 우울증 같은 것이 엄습하기도 합니다. 따라서 그런 상황에 이르기 전에 마음을 추스르는 지혜가 필요합니다.

그러면 먼저 희생과 고난에서 벗어나려고 노력하고, 그럴 상황이 되면 기쁘게 벗어나는 문제에 대해 좀 더 생각해보겠습니다. 희생과 고난 자체가 목적이 되면, 그것은 곧 마조히즘적인 심리 질환(남에게 학대를 받는 데서 쾌감을 얻는 심리)이라 할 수 있습니다. 고난 자체가 의미를 지니는 것은 아닙니다. 내가 당하는 고난과 희생이 더 큰 유익을 만들어낼 때에만 가치가 있는 것입니다. 그러므로 더는 혼자서 희생을 감내할 필요가 없다는 생각이 들면 "다 이루었다"고 말하고 기쁘게 그 십자가를 내려놓아야 합니다. 특히 가족들이 충실히 자기 몫을 감당하고 있는 상황에서는 굳이 한 사람이 무거운 짐을 모두 짊어질 필요가 없습니다. 그러므로 여러분 중에 박소녀처럼 희생과 고난을 한 몸에 짊어지고 사는 분이 있다면, 어쩔 수 없는 팔자나 운명이라 여기지 말고 여러분이 진 짐을 나누어 지도록 지속적으로 가족들을 설득해야 합니다. 기쁘게 그 짐을 내려놓을 날을 기다려야 합니다.

둘째, 자신의 십자가를 내려놓기 전이라도 자신의 마음을 토로할 수 있는 대상이 있어야 하고, 그러한 대상을 만들 필요가 있습니다. 기쁜 마음으로 고통을 받아들인다 할지라도 우리 마음은 그것을 한없이 담아둘 힘이 없습니다. 그러므로 주기적으로 마음속에 쌓인 것을 쏟아내야 합니다.

박소녀는 이 점에서 참 지혜로운 사람이었습니다. 소설에서 큰딸이 엄마에게 묻습니다. "엄마는 부엌이 좋아? 부엌에 있는 게 좋았냐고. 음식 만들고 밥하고 하는 거 어땠었냐고." 대식구를 먹이기 위해 한 번에 상을 두세 개씩 차려내야 했던 그녀였습니다. 그래서 늘 부엌에 붙어살다시피 했습니다. 지금처럼 시장이 있는 것도 아니고, 먹을거리를 살 돈이 넉넉한 것도 아니었습니다. 밭에서 나는 푸성귀가 전부인 상황에서 끼니마다 밥상을 차려내는 엄마가 놀라워보였습니다.

그러자 박소녀는 대답합니다. "부엌을 좋아하고 말고가 어딨냐? 해야 하는 일이니까 했던 거지. 내가 부엌에 있어야 니들이 밥도 먹고 학교도 가고 그랬으니까. 사람이 태어나서 어떻게 좋아하는 일만 하믄서 사냐? 좋고 싫고 없이 해야 하는 일이 있는 거지." 그리고는 비밀이라도 털어놓듯 소곤소곤 속삭입니다. "항아리 뚜껑을 깬 적이 여러 번이었단다." 큰딸이 놀라 되묻습니다. "항아리 뚜껑을 깨다니?" 그러자 박소녀는 이렇게 털어놓습니다.

끝이 보여야 말이지. 그래두 농사일은 봄에 씨앗을 뿌리믄 가을에 거두잖여. 시금치 씨를 뿌린 곳에선 시금치가 나고 옥수수 씨를 뿌린 디선 옥수수가 나고… 한디 그놈의 부엌일은 시작도 없고 끝도 없어. 아침밥 먹음 곧 점심때고 또 금세 저녁때고 날 밝으면 또 아침이고… 반찬이라도 뭐 다른 것을 만들 여유가 있음 덜했겠는디 밭에 심은 것이 똑같으니 맨 그 나물에 그 반찬. 그걸 끝도 없이 해대고 있으니 화딱증이 날 때가 있었지. 부엌이 감옥 같을 때는 장독대에 나가 못생긴 독 뚜껑을 하나 골라서 담벼락을 향해 힘껏 내던졌단다. (…) 헛돈 좀 썼단다. 새 뚜껑을 사러 갈 적에는 돈이 아까워 쩔쩔 맸는디도 멈출 수는 없더구나. 독 뚜껑 깨지는 소리가 내겐 약이었어. 속이 후련허구 답답증도 가시고. _74쪽

글자도 깨치지 못한 무학의 박소녀였지만 생활에 있어서는 이토록 지혜로웠습니다. 숨이 막힐 것 같으면 이렇게라도 가끔씩 숨 쉴 구멍을 만들어냈습니다. 그러면서도 그것이 습관이 되거나 난폭한 식으로 변질되지 않게 통제할 줄도 알았습니다. 어느 정도 숨 쉴 틈만 생기면 다시 힘을 내어 부엌으로 돌아갔습니다. 이런 지혜가 그녀로 하여금 평생 그 고된 일과 스트레스를 견딜 수 있게 해준 것입니다.

그 사람을 가졌는가

그러나 때로는 이렇게 애교 있는 방법으로 해결되지 않을 때가 있습니다. 수십 개의 항아리 뚜껑을 연거푸 깨뜨려도 숨이 턱 막히고 마음이 무너져 내리는 때가 있는 것입니다. 이럴 때는 더 강력한 도움이 필요합니다. 가장 좋은 방법은 믿고 의지할 만한 사람에게 마음을 쏟아놓는 것입니다. 그 앞에서는 무참히 무너져 내려도 좋은 사람, 무슨 이야기든 털어놓을 수 있는 사람, 나를 탓하지 않고 내 모든 원망과 투정, 응석을 다 들어줄 수 있는 사람, 내 마음에서 쏟아져 나오는 모든 오물을 다 받아주고 흘려보낼 수 있는 사람, 그런 사람이 있어야 합니다.

박소녀에게도 그런 사람이 있었습니다. 남편이 그런 사람이 되어주면 좋으련만 안타깝게도 그러질 못했습니다. 자식들도 그렇게 품이 넉넉하지 못했습니다. 친정어머니도, 친정 오빠도 그늘이 되어주지는 못했습니다. 그런 박소녀에게 숨 쉴 구멍을 만들어준 사람이 바로 이은규라는 남자입니다. 그를 만나게 된 사연은 마치 한 편의 동화 같습니다.

어느 날 박소녀가 자식들을 먹이려고 방앗간에서 밀가루를 빻아 이고 오는데, 한 남자가 자전거로 실어다준다며 접근합니다. 땀은 비 오듯 하고, 함지의 무게 때문에 고개는 서서히 꺾이고 있던 차였습니다. 계속되는 남자의 설득에 가까스로 의심을 거두고 함지를 자전거 뒤에 실었습니다. 그러나 사실 남자는 해산을 앞둔 아내와 아이, 노모를 위해 먹을 것을 구하러 나갔다가 허탕을 치고 돌아가는 길에 밀가루 함지를 보고 탐이 났던 것이었습니다. 그는 함지를 싣고 자기 집으로 도망쳤습니다. 나중에서야 실상을 안 박소녀는 수소문 끝에 남자의 집을 찾아냅니다. 분기탱천한 마음으로 그 집에 도착한 박소녀는 난산 중인 그의 아내와 노모를 발견합니다.

그리고는 얼떨결에 산모를 도와 아기를 받아내고 도둑맞았던 밀가루로 급히 수제비를 만들어 온 가족을 먹입니다. 자기 자식들을 먹이려고 준비했던 밀가루였습니다. 집으로 돌아온 그녀는 모른 체하고 지내려 했지만 마음이 불편해서 그럴 수 없었습니다. 삼칠일이 지나 미역 몇 가닥을 마련해 다시 그 집을 찾아갑니다. 그러나 산모는 해산 후유증으로 이미 세상을 떠나고 없었습니다. 그때부터 박소녀는 한밤중이든 꼭두새벽이든 틈나는 대로 그 집에 찾아가 엄마 잃은 아이에게 젖을 물리곤 했습니다. 자기 딸을 배불리기에도 부족한 젖이었지만, 나 몰라라 할 수가 없었습니다.

그렇게 하여 갚을 수 없는 사랑의 빚을 진 이은규는 박소녀가 외롭고 힘들고 지칠 때마다 찾아가 위로를 받는 의지처가 되었습니다. 삼십 년 동안 박소녀에게 이은규는 쉴 그늘이요 샘물이었습니다. 그녀는 이렇게 말합니다.

나는 늘 내가 감당하기 벅찬 일이 생겨야 당신을 찾았재. 그리고 내가 그만그만 평화로워졌을 땐 당신을 잊었소. (…) 당신은 내가 당신을 찾지 않을 때까지 그 자리에 있어주었네. 거기 있어줘서 고마웠소이. 그래서 내가 살아갈 수 있었는지도 모르오. _234쪽

생의 끝자락에 선 그녀가 그에게 건네는 마지막 인사는 이렇습니다.

아무도 당신이 내 인생에 있었다고 알지 못해도 당신은 급물살 때마다 뗏목을 가져와 내가 그 물을 무사히 건너게 해주는 이였재. 나는 당신이 있어 좋았소. 행복할 때보다 불안할 때 당신을 찾아갈 수 있어서 나는 내 인생을 건너올 수 있었다는 그 말을 하려고 왔소. _236쪽

박소녀와 이은규는 참 묘한 관계를 유지해 나갑니다. 이런 관계가 선을 넘으면 불륜이 되고 더 많은 문제와 아픔을 불러일으킵니다. 하지만 두 사람은 그 선을 넘지 않습니다. 그런 유혹이 없었던 것은 아니었겠지만, 두 사람 모두 선을 넘기에는 서로를 아끼는 마음이 너무

컸습니다. 선을 넘지 않았기에 박소녀는 하늘과 땅 사이에 자기 밖에 없는 듯 막막할 때마다 이은규를 찾아가 마음을 쏟아놓았고, 그로 말미암아 새로운 힘을 얻을 수 있었습니다. 늘 그 자리에 있어 기다려주는 사람, 무슨 말이든 들어주는 사람, 행복할 때보다 어려울 때 발걸음이 향하는 사람, 그런 사람이 있었기에 그녀는 인생을 완주할 수 있었습니다.

오늘 삶의 현장에서 희생과 고난을 감내하는 이들에게도 이런 사람이 필요합니다. 오해는 하지 마십시오. 이성 친구를 만들라는 뜻이 아닙니다. 박소녀는 이성 친구를 찾지 않았습니다. 인생의 우여곡절 가운데 그런 사람을 만났습니다. 앞에서도 말했지만, 가장 좋은 건 배우자가 서로를 위해 이 같은 사람이 되어주는 것입니다. 친구들 가운데서도 이런 사람을 찾을 수 있을 것입니다. 혹은 교우들 가운데서도 찾을 수 있을 것입니다. 자기 말만 쏟아놓기보다는 내 말에 귀 기울일 사람, 나를 탓하기 전에 위로해줄 사람, 진심으로 함께 눈물 흘려줄 사람, 나를 위해 마음 다해 기도해줄 사람이 있어야 합니다.

이 대목에서 고故 함석헌 선생의 유명한 시가 떠오릅니다.

만리길 나서는 길

처자를 내맡기며

맘 놓고 갈 만한 사람

그 사람을 그대는 가졌는가

온 세상 다 나를 버려

마음이 외로울 때에도

'저 마음이야' 하고 믿어지는

그 사람을 그대는 가졌는가

탔던 배 꺼지는 시간

구명대 서로 사양하며
'너만은 제발 살아다오' 할
그 사람을 그대는 가졌는가

불의의 사형장에서
'다 죽여도 너희 세상 빛 위해
저만은 살려두거라' 일러줄
그 사람을 그대는 가졌는가

잊지 못할 이 세상을 놓고 떠나려 할 때
'저 하나 있으니' 하며
빙긋이 웃고 눈을 감을
그 사람을 그대는 가졌는가

온 세상의 찬성보다도

'아니' 하고 가만히 머리 흔들 그 한 얼굴 생각에

알뜰한 유혹을 물리치게 되는

그 사람을 그대는 가졌는가

_ 함석헌, 〈그 사람을 가졌는가〉

영 원 한   그 늘

이은규는 언제고 박소녀에게 그늘이 되어주었습니다. 한 번도 그녀의 기대를 저버린 적이 없습니다. 모든 것을 무덤까지 가지고 갈만큼 믿을 만한 사람이었습니다. 그만큼 그녀에게 진 빚이 컸기 때문입니다. 그녀를 아끼는 마음이 컸기 때문입니다.

하지만 모든 인간관계가 이렇게 아름다운 모습을 견지하는 것은 아닙니다. 이런 사람을 가지는 것은 결코 쉽지 않은 일입니다. 오히려 믿고 의지하던 사람으로부터 배신당하는 일이 더 많습니다. 믿고 속마음을 털어놓았다가 나중에 그 때문에 상처를 받는 경우가 더 많은 것이 우리네 현실입니다. 그런 일을 서너 번 당하다 보면 마음의 문을 꼭 걸어 잠그고 두텁고 높은 벽을 세우고 온 천지에 나밖에는 믿을 사람 없다는 생각에 사로잡히기도 합니다. 그런 마음을 이해하지 못하는 것은 아니지만, 참으로 불행한 선택이 아닐 수 없습니다.

그러나 이와는 다른 선택도 있습니다. 눈을 들어 하나님을 바라보는 것입니다. 기독교에서 가르치는 하나님은 인간에게 영원한 그늘이 되어주시는 분입니다. 예수 그리스도께서 '아바 아버지'라 부르셨던 그 하나님은 옳고 그름을 따지시는 정의의 하나님이기도 하지만 사랑의 하나님이기도 합니다. 시편 103편 8절부터 14절에서 시인은 영원한 그늘이신 하나님을 이렇게 노래합니다.

여호와는 긍휼이 많으시고

은혜로우시며 노하기를 더디 하시고

인자하심이 풍부하시도다

자주 경책하지 아니하시며

노를 영원히 품지 아니하시리로다

우리의 죄를 따라

우리를 처벌하지는 아니하시며

우리의 죄악을 따라

우리에게 그대로 갚지는 아니하셨으니

이는 하늘이 땅에서 높음 같이

그를 경외하는 자에게

그의 인자하심이 크심이로다

동이 서에서 먼 것 같이

우리의 죄과를

우리에게서 멀리 옮기셨으며

아버지가 자식을 긍휼히 여김 같이

여호와께서는 자기를 경외하는 자를

긍휼히 여기시나니

이는 그가 우리의 체질을 아시며

우리가 단지 먼지뿐임을 기억하심이로다

예수 그리스도를 믿는다는 것은 그분이 십자가에서 치른 희생을 통해 죄 사함을 받고, 거룩하신 하나님 아버지의 자녀로 회복되어 이 땅에서 그분의 자녀로 살아간다는 뜻입니다. 믿는 사람들이 '아버지'라고 부르는 하나님은 이토록 자비롭고 은혜로운 분입니다. 그렇기 때문에 믿는 사람들은 어려움과 아픔, 고난과 환난이 닥쳐올 때마다 가장 먼저 '전능자의 그늘'(시 91:1)을 찾고, "하나님이여 내게 은혜를 베푸소서. 내게 은혜를 베푸소서. 내 영혼이 주께로 피하되 주의 날개 그늘 아래에서 이 재앙들이 지나기까지 피하리이다"(시 57:1)라고 기도합니다.

믿는 사람에게는, 찾아가 의지할 이 아무도 없는 것 같은 막막한 고난의 순간에도 찾아갈 곳이 있습니다. 하나님은 언제나 '거기 계시는' 분입니다. 언제나 우리를 기다려주시는 분입니다. '중심을 보시는' 분이기 때문에 그분 앞에서는 감출 것이 아무것도 없습니다. 그분은 우리가 어떤 존재인 줄 알기 때문에 탓하기 전에 위로하시고 말씀하시기 전에 들으십니다. 박소녀에게는 이은규라는 남자가 부지불식간에 하나님의 역할을 대신했다고 할 수 있습니다. 박소녀가 어디에도 도움을 청할 수 없을 때 이은규가 사는 '곰소'를 찾듯 믿는 사람들은 그릴 때마다 하나님이 계시는 '성소'를 찾습니다. 그리고 그분 앞에서 마음을 쏟아놓습니다. 그때마다 하나님께서는 우리 마음에 숨 쉴 구멍을 뚫어주시고 새 힘을 주시며 새로운 눈을 열어주십니다. 약하기 때문에 기도하지만, 기도함으로 강해지는 사람이 바로 그리

스도인입니다. 기도는 '영원한 그늘' 이신 하나님과 사귀며 사는 과정
입니다.

이렇게 하나님 안에서 영원한 의지처를 찾은 사람만이 다른 사람을
제대로 의지할 수 있습니다. 하나님 안에서 영원하고 절대적인 의지
처를 발견하지 못한 사람은 다른 사람을 절대적으로 의지하게 될 가
능성이 큽니다. 그러나 사람을 지나치게 의지하는 것은 비현실적인
태도입니다. 인간은 그 같은 의지의 대상이 아니기 때문입니다. 반대
로, 사람을 지나치게 의심하면서 누구에게도 마음을 열지 않는 것 또
한 자신을 스스로 감옥에 가두는 일입니다. 하지만 하나님 안에서 영
원하고 절대적인 의지처를 찾은 사람은 다른 사람을 믿고 의지하되
그 한계를 압니다. 그렇기에 '배신' 이나 '절망' 따위의 감정을 품지
않습니다. 이것이 신앙의 신비입니다. 하나님을 향해 제대로 눈뜰 때,
비로소 우리는 인간을 향해서도 제대로 눈을 뜨게 되는 것입니다.

이제 첫 번째 이야기를 마무리하려 합니다.

이 소설은 "박소녀가 실종되기 이전에 이미 가족들에게 잊혀졌다!"고

고발합니다. 이런 일은 비단 박소녀에게만 해당되는 일이 아닙니다.

오늘날 실제로 많은 가정에서 이 같은 일이 벌어지고 있습니다.

그러니 우리는 이 자리에서 자기 자신에게 몇 가지 질문을 던져보아야 합니다.

"나는 내 가족을 잊고 살지는 않는가? 충분히 사랑하고 사랑받고 있는가?"

"나는 현실의 '박소녀'를 만들어내고 있지 않은가?

내 가족들은 나에게 마땅한 대접을 받고 있는가?"

"내가 현실의 '박소녀'는 아닌가? 그렇다면 어쩔 수 없는

희생과 고난을 '나의 십자가'로 알고 기꺼이 지고 있는가?

상황을 바꾸려고 노력하고 있는가? 나의 마음을 쏟아놓을 대상이 있는가?"

이 질문이 여러분을 더 깊은 성찰과 묵상으로 인도하기를 바랍니다.

이 글을 쓰도록 인도하고 계신 하나님의 영이

여러분에게도 역사하기를 바랍니다.

엄마는 아들에게 더 주지 못해서, 줄 것이 이것밖에 없어서,
나 같은 사람이 엄마라서 미안하다고 말합니다.

사랑은 늘 배고프다

"형철아, 미안하다"

어머니는 사랑이다

다 그런 것은 아니지만, 우리의 어머니들은 대개 무한에 가까운 사랑의 능력을 가지고 계신 것처럼 보입니다. 《엄마를 부탁해》의 주인공 박소녀 또한 그렇습니다. 엄마로서 그녀가 보여주는 사랑과 희생은 한도 끝도 없어 보입니다. 이는 둘째 딸의 말에서 잘 드러납니다. 둘째 딸은 약사인데, 세 아이를 데리고 얼마나 야무지게 사는지 다들 요즘 엄마 같지 않다고 입을 모읍니다. 그녀에 관한 이야기(4장)를 읽노라면, 세 아이와 함께 숨차게 사는 주부의 모습이 그려집니다.

로마 여행을 가는 언니에게 편지를 쓰며 둘째 딸은 엄마의 사랑과

희생을 이렇게 술회합니다.

엄마의 힘이 어디서 나왔는지 나는 그걸 모르겠어. 생각해봐. 엄마는 상식적으로 한 사람이 할 수 있는 일을 하면서 살아온 인생이 아니야. 엄마는 엄마가 할 수 없는 일까지도 다 해내며 살았던 것 같아. 그러느라 엄마는 텅텅 비어갔던 거야. 종내엔 자식들의 집 하나도 찾을 수 없는 그런 사람이 된 거야. (…) 언니는 나보고 요즘 젊은 엄마 같지 않게 특이하다고 했지만, 내게 조금은 그런 면이 없지 않지만, 언니, 아무리 그래도 나는 엄마처럼 할 수 없어. 엄마를 잃어버리고 자주 생각했어. 나는 엄마에게 좋은 딸이었나? 나는 내 아이들에게 엄마가 내게 해준 것처럼 할 수 있나. 한 가지는 알아. 나는 엄마같이 못해. 할 수도 없어. 나는 내 아이들 밥 먹이면서도 자주자주 귀찮아. 아이들이 내 발목을 붙잡고 있는 거같이 느껴져서 부담스러울 때도 있어. 내 아이들을 사랑하고 이 아이들을 진짜 내가 낳았나? 싶어 감격하지만 나는 엄마처럼 인생을 통째로 아이들에게 내맡

길 순 없어. 나는 상황에 따라 내 눈이라도 빼줄 수 있을 것처럼 굴지만 그렇다고 엄마처럼은 아니야. _260~261쪽

이런 엄마의 사랑을 느낀 건 비단 둘째 딸만이 아닙니다. 다섯 자식 모두가 그렇게 느꼈습니다. 그렇다면 어떻게 연약한 한 여인에게서 그토록 진한 사랑이 마르지 않고 흘러나올 수 있었을까요? 엄마는 하나고 자식은 다섯인데, 자식마다 하나같이 "엄마는 나를 위해 모든 걸 희생하셨어"라고 느낍니다. 어머니가 가진 100의 사랑이 다섯 자녀에게 20씩 나누어진 것이 아니라, 다섯 자녀에게 모두 100씩 나누어진 것입니다. 어머니가 원래 가지고 있던 사랑은 100이었는데, 그것이 자식들에게 쏟아 부어지자 500이 된 것입니다. "어떻게 이런 일이 가능할까?" 이것이 엄마가 된 둘째 딸의 질문이었습니다. 그리고 이는 또한 어머니를 생각하며 그리워하는 많은 자녀들이 마음에 품고 있는 질문이기도 합니다.

사랑은 기적을 만들어냅니다. 무無로부터 유有를 창조해내는 능력
은 하나님에게만 있는 것인데, 우리 어머니들은 그 같은 창조의 능력
을 가지고 있는 듯합니다. 아버지는 포기하고 허공만 보고 있을 때,
어머니는 무언가를 만들어냈습니다. 자식들에게 돈이 필요하다면 없
는 살림에도 어떻게든 만들어냈고, 쌀독에 쌀이 떨어져도 어떻게든
먹을 것을 만들어냈습니다. 자식의 눈에는 불가능해 보이는 일들을
어머니는 가능하게 만들었습니다. 물론 어머니들에게도 한계가 있었
습니다. 손 놓고 하늘만 바라보아야 할 때가 있었습니다. 그렇지만
어머니의 질기고도 강한 사랑은 결국 다시 일어나 뭔가를 만들어내
게 했습니다.

사랑의 충격

제 어머니 이야기를 하나 하겠습니다. 처음으로 어머니의 사랑에

충격을 받았던 사건입니다. 이 일만 생각하면 어느새 눈시울이 붉어집니다. 중학교 때 저는 도시에서 유학을 하고 있었기에 방학이면 고향인 당진으로 내려가 부모님 일을 거들어 드렸습니다. '부모님 일'이래야 실은 어머니 일이었습니다. 초등학교 교사였던 아버지는 농사일을 어머니에게 모두 맡겨놓으셨습니다. 집에서 먹고 자면서 일하는 일꾼이 있긴 했지만, 그래도 농사일은 언제나 어머니의 힘에 부쳤습니다. 그래서 방학이면 어머니는 자식들에게 자주 도움을 청하셨습니다. 때로는 마지못해서, 또 때로는 즐거이 어머니의 일을 도왔습니다.

한여름에 하는 밭일은 고역 중에도 고역이었습니다. 그날 저는 밭에 두엄 나르는 일을 했습니다. 지게에 두엄을 지고 밭으로 가져가 뿌리는 일이었습니다. 며칠 동안 뜨거운 태양 볕을 고스란히 쪼이며 일하던 중이었습니다. 당시만 해도 '보릿고개' 시절이라 먹는 것이 변변치 않은데다 며칠 동안 땀을 흘리며 일을 한 탓에 결국 몸에 무리가 왔습니다. 한나절 일을 하고 나서 삶은 보리쌀을 찬물에 말아

점심을 먹는 둥 마는 둥하고는 그대로 쓰러졌습니다. 손가락 하나 까 딱일 힘이 없었습니다.

상태가 심상치 않다고 여긴 어머니는 저를 들쳐 업었습니다. 그때 이미 저는 170센티미터가 넘는 장정의 체구였습니다. 마침 아버지는 학교 일 때문에 출타 중이라 집에 안 계셨습니다. 어머니는 저를 들 쳐 업고 버스 정류장까지 달리기 시작했습니다. 집에서 버스 정류장 까지는 3킬로미터나 떨어져 있는데다 언덕을 몇 번이나 오르내려야 하는 험한 길이었습니다. 한여름 뙤약볕이 내리쬐는 시간에 어머니 는 당신의 몸집보다 큰 저를 업고 그 먼 길을 뛰셨습니다. 제가 생각 해도 도저히 말이 안 되는 상황인데, 아무런 힘도 쓸 수 없어 축 늘어 진 채로 어머니 등에 업혀 있어야 했습니다.

어떻게 연약한 여인에게서 그런 힘이 나올 수 있었는지, 지금 생각 해도 놀랍기만 합니다. 무섭게 달리시던 어머니는 한참 만에 잠시 멈 춰 서서는 헉헉대며 숨을 고르셨습니다. 저를 그냥 업은 채로 말입니다. 한참을 달리다 얼마 가서 잠시 숨을 고르고 또 달리고를 반복하셨습니다. 멈춰 서서 숨을 고르실 때, 그 열기와 심장 박동이 제게 전해지는 것 같았습니다. 어머니 등에는 미처 식지 못한 땀이 흥건했습니다. 제 증상은 황달이었습니다. 병원에서 링거를 맞고 약을 받아 집으로 돌아오는 길, 저는 조금이나마 힘을 차려 비척비척 걸었고, 어머니는 불과 몇 시간 전에 미친 듯이 질주하던 그 길을 힘없이 걸으셨습니다.

이 날의 경험을 통해 저는 어머니의 사랑을 굳게 믿으며 자랐습니다. 헨리 나우웬이 말하기를 "나는 사랑받는 사람이다"라는 믿음이 한 사람의 인생에서 가장 중요한 요소라고 했는데, 저는 어머니로 말미암아 그 사랑을 확신하게 되었습니다. 다른 사람은 몰라도 어머니는 늘 내 편이라고 믿었습니다. 그런데 지금 제 어머니는 박소녀의 둘째 딸이 표현한 대로 '텅 비어져' 버렸습니다. 뇌경색을 앓으신 후로는 아기가 되셨습니다. 일평생 자식들에게 퍼 주느라 당신 자신에게는 아무것도 남은 게 없는 것 같습니다. 마치 자식들이 어미의 몸을 파먹고 산 것 같은 느낌입니다.

미안하다는 말밖에

이런 이야기를 읽을 때마다 마음에 또 다른 아픔을 느끼는 분들이 있을 겁니다. 세상 모든 어머니들이 다 이와 같지는 않기 때문입니다. 어머니를 일찍 여의는 바람에 이런 사랑을 경험해보지 못한 분들도 있고, 이런 헌신과는 거리가 먼 어머니를 둔 분들도 있을 것입니다. 많지는 않아도, 어머니에게 사랑을 받은 기억보다 상처를 받은 기억이 더 큰 분들도 있을 것입니다. 그런 분들은 박소녀의 이야기와 제 어머니의 이야기를 들으며 내심 부럽기도 하고 아쉽기도 할 것이며 원망의 마음이 들기도 할 것입니다. 그런 분들에게 주님의 특별한 위로가 있기를 기도합니다.

어머니의 사랑은 원래 박소녀의 사랑과 가깝습니다.《엄마를 부탁해》가 독자들에게 이토록 사랑받은 이유는 소설 속의 엄마가 독자 대부분의 어머니상과 유사하기 때문일 것입니다. 그런데 더 놀라운 것은, 그렇게 한없이 사랑을 쏟아 부으면서도 어머니들이 한결같이 하는 말이 "이것밖에 못 해줘서 미안하다"는 것입니다. 쏟아 부은 사랑을 당연하게 생각하고, 더 하지 못한 것을 미안해합니다.

큰아들 형철이는 어릴 적 아버지에게 실망해 집을 나간 어머니가 다시 집에 돌아오게 하려고 열심히 공부해서 검사가 되겠다고 약속했습니다. 실제로 그는 열심히 공부했고 늘 우등생의 자리를 지켰습니다. 그는 박소녀의 희망이었습니다. 하지만 '시골 천재' 형철은 대학 시험에 그만 낙방하고 말았습니다. 야간 대학을 졸업하고 큰 회사에 취직한 그는 이년 동안 돈을 모은 뒤 다시 사법고시에 도전하겠다고 엄마에게 말합니다. 그런데 꿈을 향해 도전도 해보기 전에 어머니가 여동생을 데리고 서울로 와서 그에게 맡깁니다. 어머니는 떨어지지 않는 입술을 간신히 떼어 큰아들에게 말합니다. "야는 여자애니까… 학교를 더 다녀야 써. 어짜든 여기서 야가 학교에 다닐 길을 니가 맨들어봐라. 난 야를 나처럼 살게 할 순 없어야."

큰딸을 아들에게 맡기고 돌아가려다 들른 서울역 근처 어느 국밥집에서 박소녀는 국밥에 있는 고기를 자꾸만 아들의 그릇에 옮겨줍니다. 그러다가 힘없이 말합니다. "근디 너는… 너는 어쩐다냐?" 딸 때문에 아들의 꿈을 꺾고 말았다는 자책감에 하는 말입니다. 그리고는 국밥이 묻은 숟가락을 내려놓으면서 아들에게 말합니다. "엄마가 죄가 많다. 너에게 미안하다, 형철아."

그때부터 엄마는 아들에게 큰 죄를 지은 사람처럼 늘 "미안하다"는 말을 입에 달고 삽니다. 따지고 보면 미안할 것이 하나도 없습니다. 박소녀는 큰아들 형철이에게 자신이 할 수 있는 모든 것을 나 해주었습니다. 아니, 할 수 없는 일까지 해주었습니다. 그런데도 박소녀는 자신이 해준 것은 생각하지 않고, 더 주지 못해 미안하다고, 줄 것이 이것밖에 없어서 미안하다고, 나 같은 사람이 엄마라서 미안하다고 말합니다. 아들에게만 그런 것이 아닙니다. 박소녀는 자기가 알던 사람들 모두에게 인간의 한계를 넘어 사랑하고 희생하고 봉사했음에도 불구하고 늘 "미안하다"는 말을 입에 달고 삽니다.

그래도 되는 줄 알았던

그런데 그녀의 이런 사랑과 헌신을 알아주고 감사하는 사람은 별로 없었습니다. 가장 가까운 가족조차 그것을 당연하게 여기거나 하찮게 생각했습니다. 사랑을 베푼 사람에게는 그 사랑을 당연하게 여길 권리가 있지만, 사랑을 받은 사람에게는 그럴 권리가 없는 법입니다. 그런데도 너무나 이기적인 우리의 마음은 받은 사랑에 대해서는 당연하게 여기고 받지 못한 사랑에 대해서는 불평하기 일쑤입니다. 저 자신이 그러했고, 박소녀의 자식들이 그러했습니다.

심순덕 시인이 어머니를 생각하며 쓴 시가 있습니다. '엄마는 그래도 되는 줄 알았다'라고 말하는 이 시는 읽는 사람의 마음을 심하게 흔들어놓습니다. 어머니의 끝없는 사랑과 그 사랑을 당연시하는 자식의 모습을 너무도 잘 그려놓았기 때문입니다.

엄마는
그래도 되는 줄 알았습니다
하루 종일 밭에서 죽어라 힘들게 일해도

엄마는
그래도 되는 줄 알았습니다
찬밥 한 덩이로 대충 부뚜막에 앉아 점심을 때워도

엄마는

그래도 되는 줄 알았습니다
한겨울 냇물에서 맨손으로 빨래를 방망이질해도

엄마는
그래도 되는 줄 알았습니다
배부르다 생각 없다 식구들 다 먹이고 굶어도

엄마는
그래도 되는 줄 알았습니다
발뒤꿈치 다 헤져 이불이 소리를 내도

엄마는
그래도 되는 줄 알았습니다
손톱이 깎을 수조차 없이 닳고 문드러져도

엄마는

그래도 되는 줄 알았습니다

아버지가 화내고 자식들이 속 썩여도 끄떡없는

엄마는

그래도 되는 줄 알았습니다

외할머니 보고 싶다

외할머니 보고 싶다 그것이 그냥 넋두리인 줄만

한밤중에 자다 깨어 방구석에서 한없이 소리 죽여 울던 엄마를 본 후론

아!

엄마는 그러면 안 되는 것이었습니다

_ 심순덕, 〈엄마는 그래도 되는 줄 알았습니다〉

그러면 안 되는 것이었는데, 우리는 대부분 그래도 되는 줄 알고 살았습니다. 그러는 동안 우리 어머니들은 얼마나 외롭고 힘들었을까요? 사랑하는 사람들조차 알아주지 않는다는 것이 얼마나 사람을 지치게 하는 일입니까? 그럼에도 불구하고 어머니들은 사랑을 포기하지 않았습니다. 그 사랑과 희생을 알아주고 감사하면 오히려 계면쩍어하셨습니다. 당연히 하는 일이라 생각하고, 사랑하고 희생하기 위해 태어난 존재인 것처럼 그렇게들 사셨습니다.

여기서 우리는 유사품 사랑과 진품 사랑의 차이를 봅니다. 유사품 사랑은 한계를 정해놓고 시작합니다. 어느 지점에 이르러서는 사랑하기를 포기합니다. 더 주어야 할 사랑에 대해서는 생각도 하지 않고, 이미 준 사랑을 계산합니다. 이렇게 사랑하는 사람들은 이런 말을 자주 합니다. "얼마나 더 해야 되는데?" "뭘 더 어쩌라고?" "차라리 나보고 죽으라고 해." 이런 마음을 가진 이는 '미안하다'는 말을 할 줄 모릅니다. 충분히 사랑했다고 생각하기 때문입니다.

그러나 많은 어머니들이 보여주신 진품 사랑에는 한계가 없습니다. 포기가 없습니다. 진품 사랑은 '이만하면 충분하다'고 말하지 않습니다. 사랑하는 일에 자신이 가진 것을 다 쓰기 전까지는 결코 만족하지 않습니다. 진품 사랑은 모든 것을 다 내주고도 더 주지 못한 것에 미안해합니다. 알아주지 않는다고 야속해하지 않습니다. 이미 쏟아부은 사랑은 까맣게 잊고 더 주어야 할 사랑만 생각합니다. 그래서 "더 해주지 못해서 미안하다"고 말합니다. "내가 죄인이다"라고 말합니다. 진실로 그렇게 느끼고, 그렇게 말하고, 그렇게 행동합니다.

사랑이 없으면

첫 번째 이야기에서 우리가 사는 현실 속에 '박소녀'가 많다고 이야기한 바 있습니다. 그리고 우리 중에 더는 '박소녀'가 생기지 않게 노력해야 한다고 말씀드렸습니다. 그렇습니다. 가정에서든 사회에서든 더는 본인의 의지와 상관없이 일방적으로 희생과 복종을 강요당하는 일이 생겨나지 말아야 합니다. 하지만 박소녀를 비롯해 많은 어머니들이 보여준 진품 사랑만큼은 꼭 지켜야할 보화입니다.

참으로 안타까운 현실은 이 진품 사랑이 우리 시대에 보기 드문 일이 되어버렸다는 사실입니다. 부부 관계는 계약 관계가 되어버렸습니다. 부모와 자식 사이에도 조건이 개입되고 이해가 개입되었습니다. 다들 자신의 이익을 먼저 따져봅니다. 그러는 와중에 참된 사랑은 점점 희귀해졌습니다. 문제는 우리의 삶에서 가장 중요한 것이 이 진품 사랑이라는 데 있습니다. 우리가 목마른 것은 물이 없어서가 아니라 진품 사랑이 없어서입니다. 산해진미로 배를 가득 채워도 여전히 허기가 지는 것은 이 같은 진품 사랑이 부족해서입니다. 유사품 사랑만으로는 채워지지 않는 깊은 틈이 우리 내면에 있는 것입니다.

얼마 전, 미국 ABC 방송의 〈20/20〉이라는 프로그램에서 충격적인 사건을 하나 보도했습니다. 2003년 12월 10일, 텍사스 주 슈거랜드에서 일가족 네 명이 총격을 당하는 사건이 발생했습니다. 사건이 일어나고 몇 시간 만에 어머니와 둘째 아들이 죽고, 아버지 켄트 위태커와 큰아들 바트만 살아남았습니다. 사고 당시 위태커 씨 가족은 큰아들 바트의 대학 졸업 축하 파티를 마치고 집에 돌아오는 길이었습니다.

그런데 집에 숨어 있던 괴한들에게 총격을 당한 것입니다. 경찰은 2년이 넘는 추적 끝에 이 모든 일이 큰아들 바트가 꾸민 짓이라는 사실을 밝혀냈습니다. 바트는 가족을 살해할 계획을 세우고 동네 친구들을 매수하여 계획을 실행에 옮겼습니다. 그는 그전에도 두 번이나 가족을 살해할 계획을 꾸민 적이 있었습니다. 그리고 이번에 치밀하게 완전범죄를 도모했지만, 결국 전모가 드러나고 만 것입니다. 나중에 안 일이지만, 그는 4년 동안이나 대학에 다니는 것처럼 부모를 속였습니다. 그가 다녔다는 대학에는 입학 허가를 받았다는 기록밖에는 없었습니다.

이 사건의 결말을 보면서 "도대체 무엇이 바트로 하여금 이런 끔찍한 범행을 꾸미고 실행하게 만들었을까?"하는 의문이 생겼습니다. 그 가족은 전형적인 중산층 가정이었고, 물질적으로도 부족한 것이 없었습니다. 주일마다 교회에서 예배를 드리고 주중에도 말씀을 읽고 묵상하는 경건한 부모였습니다. 어머니는 전업 주부로서 두 아들을 키우는 일에 헌신했습니다. 이렇게 풍요롭고 행복한 환경에서 자란 청년이 도대체 무엇 때문에 이런 끔찍한 범행을 저질렀을까요?

사형 언도를 받은 바트에게 PD가 물었습니다.

"왜, 무엇 때문에 부모와 형제를 살해할 생각을 했습니까?"

청년은 섬뜩하리만치 무표정한 얼굴로 대답했습니다.

"나는 나 자신에 대해 만족할 수 없었고, 그 이유가 가족들에게 있다고 생각했습니다. 그래서 복수하고 싶었습니다."

PD가 다시 물었습니다.

"우리가 알아본 바에 따르면, 당신 부모님은 당신을 사랑했고 할 수 있는 한 모든 것을 주고 싶어 했습니다. 안 그렇습니까?"

그러자 청년이 대답했습니다.

"물질적인 측면에서는 그렇다고 할 수 있겠죠."

PD가 다시 물었습니다.

"당신 어머니가 당신과 당신 동생을 위해 살지 않았습니까? 그것을 모르지 않을 텐데요."

그러자 그 청년은 대답했습니다.

"전 그 정도로 깊은 유대감을 느끼지 못했습니다."

바트 위태커. 그는 물질적으로 풍족한 환경에서 자랐지만, 가족의 한 사람으로서 사랑받고 있다는 느낌은 받지 못했습니다. 그런 정서적 고립이 그로 하여금 소시오패스(sociopath, 반사회적 이상행동자)가 되게 했고, 속으로 증오심을 쌓게 만들었습니다. 브라운관에 비친 그의 표정은 '냉혈한冷血漢' 바로 그것이었습니다. 인간의 풍부한 감성이 모두 거세된 사람처럼 보였습니다. 그 같은 사람들이 우리 사회에 더 있을 거라 생각하니 오싹한 기분이 들었습니다.

　바트에게 없었으나 꼭 필요했던 것, 그것은 사랑이었습니다. 그것이 모두 그의 부모 탓이라고 할 수는 없을 것입니다. 부모는 진품 사랑을 쏟아 부었는데, 제대로 전달되지 않았을 수도 있습니다. 혹은 부모가 사랑하는 법에 서툴렀는지도 모릅니다. 자식에게 필요한 것을 모두 최상급으로 제공하는 게 사랑이라고 오해하는 부모들이 적지 않습니다. 진실로 자식들에게 필요한 건 눈을 마주하고 함께 놀아주고 사랑으로 품어주는 것인데, 부모들은 값비싼 물건으로 대신하려 하곤 합니다. 바트의 부모도 그랬는지 모릅니다. 그것이 누구의 잘못이건 바트가 잔인무도한 냉혈한이 된 것은 진품 사랑이 결핍된 탓임을 부정할 수 없을 것입니다.

사랑보다 좋은 약은 없다

이와는 정반대의 이야기가 있습니다. 미국의 한 대도시에서 성공적인 이민 목회를 하시는 어느 목사님의 이야기입니다.

교회를 일구느라 자라나는 아이들을 위해 따로 충분한 시간을 내어 돌보지 못했습니다. 그 때문이었는지 아들 하나가 계속 사고를 치고 다녔습니다. 그것이 늘 마음에 짐이 되었는데, 어느 날 아들이 그만 대형 사고를 치고 말았습니다. 그 사고로 아들은 몇 년 동안 감옥에 갇히는 신세가 되었습니다. 한 교회를 대형 교회로 성장시키고 은혜로운 설교 사역으로 존경받던 목사로서 참으로 견디기 힘든 시련을 만난 것입니다.

목사님은 자신이 가장 먼저 목회해야 할 가족들을 제대로 돌보지 못하고 소홀히 대했던 것을 회개했습니다. 늦었지만 이제라도 아들에 대한 목회를 시작해야겠다고 결심했습니다. 그리고는 주일마다 예배가 끝나면 왕복 4시간이 넘는 길을 달려 감옥에 있는 아들을 찾아갔습니다. 큰 교회의 담임목사로서 이런 일을 계속하는 것이 얼마나 힘든지 모릅니다. 그래도 그 목사님은 한 주일도 빼놓지 않고 아들을 찾아가 면회를 하고 이야기를 들어주고 기도해주었습니다.

그렇게 2년이 지난 어느 날, 면회를 마치고 돌아서는 아버지에게 아들이 말하더랍니다. "아버지, 아버지가 저를 진심으로 사랑하는 줄 이제야 알겠습니다." 아들의 방황과 방탕한 생활은 진품 사랑을 경험하지 못한 탓에 생긴 공허감 때문이었습니다. 아버지에게는 진품 사랑이 있었지만, 아들이 그 사랑을 경험할 기회가 없었습니다.

그때부터 아들은 아버지에게 마음을 열기 시작했고, 부자간의 관계는 급속히 회복되었습니다. 아들은 복역을 마치고 나와 아버지가 목회하는 교회에서 비행 청소년을 선도하는 일을 맡아 아이들을 섬기고 있습니다. 자신이 문제아였기 때문에 문제아들의 심리를 잘 알고, 그 덕분에 그들을 선한 길로 인도하여 아름다운 열매를 맺는 사역을 하고 있습니다. 얼마 전 그 아들이 결혼을 하게 되었는데, 결혼하기 전 아버지와 아들은 그동안 있었던 일을 두고 오랫동안 이야기를 나누면서 서로에게 용서를 빌며 부둥켜안고 울었다고 합니다.

　이 이야기에서 보듯 진품 사랑은 어머니들만의 전유물이 아닙니다. 그리고 더러는 어머니들 중에도 이런 사랑에 무능한 경우가 있습니다. 그렇다고 그 어머니들을 탓하지는 맙시다. 우리에게는 그럴 자격이 없지 않습니까? 적어도 사랑에 관한 한, 우리에게는 다른 사람을 탓할 자격이 없습니다. 오히려 그분들을 위해 기도할 수 있어야 합니다. 그런가 하면, 아버지들 가운데도 이렇게 진품 사랑을 행하는 분들이 있습니다. 아버지의 사랑 표현은 어머니와는 다를 때가 많지만 사랑의 질은 동일하기 때문입니다.

　누구를 통해서든 진품 사랑이 전해지면 그 사랑은 놀라운 변화의 능력을 나타냅니다. 세상에서 가장 어려운 일은 마음을 변화시키는 일입니다. 그 일을 해낼 수 있는 것은 사랑밖에 없습니다. 유사품으로는 안 됩니다. 진품이어야만 합니다. 한계를 모르는 사랑, 다 쏟아

붓고도 "더 주지 못해 미안하다" 말하는 사랑, 그 사랑만이 철옹성처럼 굳게 닫힌 마음의 문을 열 수 있습니다. 그 사랑만이 무엇으로도 채워지지 않는 내면의 간극을 메울 수 있습니다. 이 진품 사랑 안에서만 진정한 만족과 행복을 찾을 수 있습니다.

구원하는 능력, 사랑

어머니나 아버지를 통해, 혹은 아내나 남편을 통해, 혹은 자녀를 통해, 혹은 친구나 교우를 통해 이런 진품 사랑을 어느 정도 맛보신 분이라면, 스스로를 축복 받은 사람이라 생각하고 감사해야 합니다. 오늘날에는 이런 사랑이 거의 멸종 위기에 처해 있기 때문입니다.

하지만 어느 누구를 통해서도 진품 사랑을 맛본 적이 없는 분이라 해도 크게 낙심할 것은 없습니다. 진품 사랑을 경험할 수 있는 다른 길이 있기 때문입니다. 어머니의 사랑과는 비교도 할 수 없을 정도로 완전한 사랑을 맛볼 수 있는 다른 길이 있습니다. 창조주 하나님께서 예수 그리스도를 통해 십자가에서 드러내신 사랑, 미켈란젤로가 피에타 상을 통해 보여주려고 했던 그 진한 사랑, 그 사랑을 경험하면 사람들에게 받지 못한 사랑의 결핍이 채워지고도 남습니다. 사람들끼리 나누는 모든 사랑은 결국 십자가에서 드러난 하나님의 사랑을 흉내 내는 모조품에 지나지 않습니다. 사람들이 나누는 사랑 중에서 가장 높은 차원의 사랑이 어머니의 사랑입니다. 하지만 그 사랑도 하나님의 사랑의 모조품일 뿐입니다. 물론 모조품 사랑 중에서 최상급이라고 할 수 있을 것입니다. 그래서 "하나님은 모든 곳에 다 계실 수 없어서 어머니를 창조했다"는 속담이 유대인들 사이에서 생겨났을 것입니다.

예수 그리스도의 생애와 죽음과 부활은 하나님의 사랑이 어떤 것인지 잘 보여줍니다. 신·구약성경 전체의 내용을 한 문장으로 요약한다면, "하나님이 우리 모두를, 우리 하나하나를 사랑하신다"는 것입니다. 결코 만족을 모르는 사랑, 다함이 없는 사랑, 공치사를 할 줄 모르는 사랑, 마지막 한 방울까지 다 퍼주고도 "더 해주지 못해 미안하다"고 말하는 사랑, 사랑을 받는 사람이 당연시하고 무시하고 외면하고 배반해도 포기하지 않는 사랑, 바로 그것이 하나님의 사랑의 속성입니다. 하나님은 그 완전한 사랑으로 우리 한 사람 한 사람을 사랑하십니다. 어거스틴이 말한 것처럼, 하나님은 나를 사랑하시되 이 세상에 사랑할 사람이 나 하나밖에 없는 듯이 사랑하십니다.

이 같은 하나님의 사랑의 속성을 가장 드라마틱하게 표현한 것이 구약성경의 호세아 선지자 이야기입니다. 하나님은 호세아에게 순종하기 어려운 명령을 주십니다. 결혼을 하되 음란한 여자를 아내로 맞이하라는 명령이었습니다. 구약 시대의 선지자는 요즘으로 치면 목회자나 선교사쯤 됩니다. 세상에 어느 목사가 이런 여자를 배우자로 택할 생각을 할까요? 호세아는 이 명령을 듣고 얼마나 황당했을까요? 하지만 그는 명령에 순종했습니다. 성매매를 하던 고멜이라는 여인과 결혼을 하고 아들 둘과 딸 하나를 낳았습니다. 고멜은 문란한

과거를 청산하고 새로운 삶에 익숙해지는 듯했습니다. 아마도 호세아는 그런 모습을 보며 죄 가운데 빠져 살던 한 사람을 구원했다는 사실에 마음이 뿌듯했을 것입니다.

그런데 어느 날, 과거의 습성을 완전히 버리지 못한 그 여인이 가출을 하고 맙니다. 그녀는 다시금 홍등가로 찾아 들었고 그곳에서 마음 가는 대로 몸을 더럽힙니다. 호세아는 실의에 빠집니다. "하나님, 이제는 저도 어쩔 수 없습니다. 이젠 포기해도 되지요?"라고 말씀 드렸을지도 모릅니다. 현숙하고 정결한 여인과 새 출발을 하고 싶었을지도 모릅니다. 그런데 하나님은 한술 더 뜨십니다. 홍등가에 가서 그 여인을 다시 찾아오라는 겁니다. 베푼 사랑과 은혜를 배반한 여인을 찾아와 다시 사랑해주라는 겁니다. 인간의 마음으로는 절대 불가능한 일입니다. 그런데 이 명령에 호세아는 다시금 순종합니다. 적지 않은 몸값을 지불하고 부정한 아내를 다시 데려옵니다.

왜 하나님께서 호세아에게 이렇게 어려운 명령을 거듭 내리셨을까요? 아무리 말해도 깨닫지 못하는 이스라엘 백성들에게, 이제는 말이 아닌 행동으로 하나님의 메시지를 전하려는 뜻이 아니었을까요? 지금까지 하나님께서 이스라엘 백성을 어떻게 사랑하셨는지, 그럼에도 불구하고 이스라엘 백성들이 그 사랑을 얼마나 당연한 것으로 여기며 무시하고 배반했는지를 보여주려 하신 것입니다. 철없는 백성을 사랑하시는 하나님이 얼마나 아픈 마음으로 지켜보셨는지를 호세아의 결혼 생활을 통해 보여주려 하신 것입니다.

이 대목에서 "아니, 그럼 호세아는 무슨 죄랍니까? 왜 호세아가 그런 메시지를 위해 희생해야 합니까?"라고 묻고 싶은 분이 있을 것입니다. 그러나 그것이 하나님께 택함 받은 종의 운명입니다. 하나님의 종으로 선택된다는 것은 더없는 영광이지만, 때로 전혀 원치 않는 길을 가거나 원치 않는 삶을 살아야 할 때도 있습니다. 낮아짐으로 손해와 희생을 당할 수도 있지만, 그 희생을 통해 더 많은 사람들이 하나님을 알게 되고 하나님의 뜻이 이루어진다면 그것으로 감사하고 기뻐하는 것이 종의 마음입니다. 이러한 마음가짐 없이는 하나님의 종이 되겠다고 감히 나설 수 없습니다.

하나님은 호세아의 결혼을 통해 당신의 심정을 이스라엘 백성들에게 전하셨습니다. 하나님이 끊임없는 사랑을 보여주셨는데도 불구하고 이스라엘 백성들은 영적으로 타락하여 이방신에게 고개를 돌렸습니다. 하나님의 사랑을 무시하고 배반했습니다. 그래서 때때로 그들을 깨우치기 위해 징벌도 하셨지만, 끝내 사랑을 포기할 수는 없었습니다. 호세아가 고멜을 다시 데려와 사랑해주듯, 하나님도 이스라엘을 끝까지 사랑하겠다고 약속하셨습니다. 그 심정이 호세아서 11장 8~9절에 잘 드러나 있습니다.

에브라임이여 내가 어찌 너를 놓겠느냐
이스라엘이여 내가 어찌 너를 버리겠느냐
내가 어찌 너를 아드마 같이 놓겠느냐

어찌 너를 스보임 같이 두겠느냐

내 마음이 내 속에서 돌이키어

나의 긍휼이 온전히 불붙듯 하도다

내가 나의 맹렬한 진노를 나타내지 아니하며

내가 다시는 에브라임을 멸하지 아니하리니

이는 내가 하나님이요 사람이 아님이라

네 가운데 있는 거룩한 이니

진노함으로 네게 임하지 아니하리라

십 자 가 , 그 사 람

호세아는 하나님의 사랑을 전하기 위해 달콤한 결혼 생활의 꿈을 포기해야 했습니다. 호세아의 결혼은 '구약의 십자가 사건'이라 할 만합니다. 그는 행복한 결혼을 포기함으로 하나님의 진품 사랑을 드러내 보여주었습니다. 그리고 예수 그리스도는 하나님의 무한하신 사랑을 십자가 위에서 드러내 보여주셨습니다. 히브리어로 '호세아'와 '예수아(예수)'는 같은 어근을 가지고 있습니다. 두 사람은 모두 구원하시는 하나님의 사랑을 삶으로 보여주었습니다. 호세아는 비극적인 결혼을 받아들임으로써, 예수 그리스도는 십자가에서의 희생을 통해서 말입니다.

십자가는 하나님의 사랑의 증거입니다. 하나님께서 나를 사랑하시되 당신의 전부를 주기까지 사랑하셨다는 증거입니다. 하나님께서 나를 사랑하시되 끝까지 사랑하셨다는 증거입니다. 예배당 벽에 걸려 있는 십자가는 언제나 내가 필요할 때 다가갈 수 있도록 '언제나 거기 그렇게' 그분의 사랑이 머물러 있다는 증거입니다. 사면으로 벌어져 있는 십자가의 네 기둥은 하나님의 사랑이 무한하다는 증거입니다. 한없이 뻗어나가 온 우주를 품을 수 있는 것이 하나님의 사랑입니다. 하지만 네 개의 기둥이 십자가의 중심에서 만나 한 점을 이루듯 무한한 하나님의 사랑은 나 한 사람에게 집중됩니다.

앞에서 어머니의 사랑이 지닌 신비를 언급한 바 있습니다. 어머니 한 사람이 가지고 있는 100의 사랑이 다섯 자녀에게 20씩 분배되는 것이 아니라, 다섯 자녀에게 각각 100의 사랑이 주어진다고 말입니다. 어머니가 가지고 있는 사랑은 100인데, 다섯 자녀에게 쏟아 부어지고 나면 그 사랑은 500이 된다고 말입니다. 이 사랑은 하나님의 사랑을 닮았습니다. 그분의 사랑이 1억이라면, 1억의 사랑이 나에게 전부 쏟아 부어졌습니다. 하나님은 그렇게 모든 인류를 사랑하십니다. 그것이 십자가의 신비입니다. 집 나간 아들을 두 팔 벌려 환영하는 아버지처럼, 십자가는 죄 가운데 빠졌던 우리를 향해 두 팔을 벌리고 "어서 오라"고 무릅니다.

여러분의 어머니가 베풀어주신 사랑은 어떠했습니까? 생각만 해도 눈물이 솟구칠 정도로 진하고 뜨거운 사랑이었습니까? 이제 더 이상 그 사랑을 받을 수 없다는 사실에 안타까움이 밀려옵니까? 그렇다면 십자가를 바라봅시다. 십자가 위에서 다른 사람이 아닌 바로 나를 위하여 모든 것을 다 주셨고, 지금도 모든 것을 다 주기 원하시고, 앞으로도 모든 것을 다 주기로 약속하신 하나님을 만나시길 바랍니다. 이미 만난 분들은 하나님을 더 깊이 만나고 그 사랑을 더 깊이 체험하길 바랍니다. 십자가의 사랑을 경험하고 나면, 어머니를 통해 받은 사랑이 어디에서 온 것인지 깨닫게 될 것입니다. 어머니를 통해 경험한 그 사랑이 더 깊어지고 충만해질 것입니다.

혹시 어머니를 생각하면 마음이 괴로워집니까? 불행하게도 어머니로부터 진품 사랑을 받아본 일이 없어 사랑에 목말라하며 살아왔습니까? 그 정도는 아니지만, 어머니에 대해 특별한 감정 없이 살아왔습니까? 그렇다면 더욱더 십자가를 바라봅시다. 바로 나를 위해 십자가 위에서 물과 피를 다 쏟으신 하나님을 만나게 되길 바랍니다. 평생 경험해보지 못한 참된 사랑, 영원한 사랑, 순도 100%의 사랑을 거기서 발견하게 될 것입니다. 그 사랑을 발견하면, 어린 시절 사랑받지 못해 생긴 내면의 결핍이 한순간에 채워지고도 남을 것입니다.

이렇게 진품 중의 진품인 십자가의 사랑을 경험하고 나면, 우리도 그 같은 사랑을 꿈꿀 수 있습니다. 우리 시대는 '권리'를 찾느라 '희생'을 잊어버렸습니다. '평등'을 구현하느라 '섬김'의 도를 잊었습니다. '자아실현'이라는 목표를 추구하느라 '자기희생'의 덕을 잃어버렸습니다. '자유'를 추구하느라 '사랑의 구속'을 망각했습니다. 다들 십자가는 내려놓고 면류관만 추구하고 있습니다. 그 결과 진품 사랑을 찾아보기 어렵게 되었습니다. 이것이 이 시대의 가장 큰 질병이요, 우리가 앓고 있는 모든 질환의 원인입니다.

그러므로 우리는 이 사랑을 회복해야 합니다. 이 사랑을 회복하는 길은 다시 옛 가족제도를 회복시키고, 그 제도 안에서 한두 사람을 일방적으로 희생시키는 데 있지 않습니다. 각자가 하나님의 완전한 사랑을 경험하고, 그 사랑을 받아 사랑 안에서 회복되고 치유되어, 마침내 사랑을 행할 수 있기까지 자라가야 합니다. 값비싼 대가를 치르고 얻은 권리, 평등, 자아실현, 자유와 같은 고귀한 가치를 그대로 유지한 채 진품 사랑을 회복하는 길은 십자가, 그 영원한 사랑을 통해서만 가능합니다. 이 길은 누구에게나 열려 있는 길입니다. 그 사랑을 갈망하고 얻기까지 십자가를 붙든다면, 누구에게나 이 사랑이 주어질 것입니다. 이 사랑이 바로 복음입니다. 이 사랑이 구원입니다. 이 사랑이 능력입니다. 이 사랑이 영생입니다.

이제 두 번째 이야기를 마치려 합니다.

박소녀 실종 사건은 우리로 하여금 진품 사랑에 대해 깊이 생각하게 만듭니다.

우리가 사람다운 사람으로 살기 위해 가장 필요한 것이 바로 이 진품

사랑입니다. 그런데 오늘날 이 진품 사랑이 점점 자취를 감추고 있습니다.

이런 상황을 염두에 두고 다음과 같은 질문을 스스로 던져보아야 합니다.

"나는 진품 사랑을 경험했는가? 내가 사랑받을 만한 존재라고 생각하는가?

사랑받고 있다고 믿는가?" "내가 가족들에게 주는 사랑은 얼마나

진품에 가까운가? 내 가정 안에는 진품 사랑이 나누어지고 있는가?"

"나는 진품 중의 진품인 하나님의 사랑을 알고 있는가?

온 우주를 품어 안을 그 크신 사랑이 나에게 집중되어 있음을

깨닫고 충격을 받아 본 경험이 있는가?"

이 질문들이 더 깊은 성찰과 묵상과 기도로 이어지기를 바랍니다.

이 글을 준비하고 쓰는 동안 제 안에 활동하신 성령께서 여러분의 마음 안에도

역사하시길 기도합니다. 사랑, 진품 사랑. 이것만큼 귀한 것은 다시없습니다.

우리에게 엄마는 언제나 '엄마'였습니다.
늘 엄마로만 우리 곁에 있어주길 바랐습니다.

누구나 마음은 같다

"엄마에게도 오빠가 있다"

누구나 마음은 같다

처음부터 엄마인 사람

얼마 전 어느 일간지에 실린 신경숙 씨의 인터뷰를 읽었습니다. 그녀가 글을 쓰는 건 매우 고된 일이라고, 하나의 작품을 완성하는 건 사람을 지치게 하는 일이라고 말하자, "그런데도 계속 글을 쓰는 이유가 뭡니까?"라고 기자가 물었습니다. 신경숙 씨는 이렇게 답했습니다. "사람들이 내 소설을 읽고 자신을 한번 거울 보듯 깊이 들여다보는 시간을 가지면 좋겠어요. 그래서 힘들어도 계속 글을 쓰게 되나 봐요."

제가 이 글을 쓰는 이유도 바로 그것입니다. 이 소설이 던져준 문제의식을 붙들고 성경 말씀에 비추어보면서 우리 자신을 들여다보자는 겁니다. 만일 이 소설을 읽으면서 혹은 저의 글을 읽으면서 자신이 아니라 다른 누구를 생각한다면, 그래서 자신이 변화되어야 할 부분을 찾는 게 아니라 다른 사람이 변화되기를 바란다면, 그것은 소설을 오독하는 것이며 제 글을 잘못 읽는 것입니다. 저 역시 이 글을 자기 성찰의 과정 삼아 쓰고 있습니다.

　세 번째 이야기는 "엄마에게도 오빠가 있다"는 문장에 초점을 맞추려고 합니다. 이 소설의 주인공 박소녀는 서울역에서 실종되기 전에 이미 가족들에게서 잊혔을 뿐 아니라, 가족들로부터 일평생 하나의 역할에만 충실하도록 강요받으며 살았습니다. 박소녀는 남편에게조차 '형철 엄마'일 뿐이었습니다. 아내로서의 작은 기쁨도 그녀에게는 허락되지 않았습니다. 자식들에게 그녀는 언제나 '엄마'였습니다. 자식들은 박소녀가 늘 엄마로만 자신들 곁에 있어주기를 기대했고, 남편은 아이들 엄마로서의 역할을 감당해주기만을 바랐습니다. 박소녀가 처음부터 '엄마'의 역할을 감당하기 위해 태어난 것처럼 말입니다. 그러나 박소녀는 엄마이기 이전에, 아내이기 이전에, 한 인간이었습니다.

둘째 딸이 로마로 여행을 떠나는 언니에게 쓴 편지에 이런 대목이 있습니다.

우리까지도 어떻게 엄마를 처음부터 엄마인 사람으로 여기며 지냈을까. 내가 엄마로 살면서도 이렇게 내 꿈이 많은데 내가 이렇게 나의 어린 시절을, 나의 소녀시절을, 나의 처녀시절을 하나도 잊지 않고 기억하고 있는데 왜 엄마는 처음부터 엄마인 것으로만 알고 있었을까. 엄마는 꿈을 펼쳐볼 기회도 없이 시대가 엄마 손에 쥐여준 가난하고 슬프고 혼자서 모든 것과 맞서고, 그리고 꼭 이겨나갈밖에 다른 길이 없는 아주 나쁜 패를 들고서도 어떻게든 최선을 다해서 몸과 마음을 바친 일생이었는데. 난 어떻게 엄마의 꿈에 대해서는 아무런 생각도 해본 적이 없었을까.

언니.

감나무를 옮겨심느라 파놓은 구덩이 속에 그만 얼굴을 처박고 싶었어. 나는 엄마처럼 못 사는데 엄마라고 그렇게 살고 싶었을까? 엄마가 옆에 있을 때 왜 나는 이런 생각을 한번도 하지 않았을까. 딸인 내가 이 지경이었는데 엄마는 다른 사람들 앞에서 얼마나 고독했을까. 누구에게도 이해받지 못한 채로 오로지 희생만 해야 했다니 그런 부당한 일이 어떻게 있을 수 있어. _261~262쪽

엄마에게도 오빠가 있었다

큰딸이 술회하는 첫 번째 장에 보면, 외삼촌 즉 박소녀의 오빠 이야기가 나옵니다.

외삼촌이 아버지에게 꽤 많은 돈을 빌렸는데 사정이 여의치 않아 그 돈을 갚지 못하게 되었습니다. 그렇게 되자 엄마는 아버지와 고모

에게 죄인이 되었고, 외삼촌은 동생인 엄마에게 죄인이 되었습니다. 그러고서 외삼촌은 사오년간 소식이 끊겼습니다. 어떻게든 돈을 벌어서 처남에게 진 빚을 갚아 동생을 편하게 해주려고 먼 길을 떠났던 것 같습니다. 그동안 엄마는 "니 외삼촌은 대체 어디서 뭘 하는지!"라는 말을 입에 달고 삽니다. 하나밖에 없는 피붙이가 걱정이 되었던 것입니다.

그러던 어느 날 큰딸이 잠시 집에 방문했을 때의 일입니다. 방에서 엄마와 귤을 까먹고 있는데, 누군가 대문을 밀고 들어오는 소리가 나고 연이어 "동생 있는가?"라는 음성이 들립니다. 그러자 엄마는 재빨리 일어나 쏜 살같이 밖으로 나갑니다. 뒤따라 나간 큰딸은 "오빠! 오빠!" 부르며 외삼촌의 가슴팍을 주먹으로 때리고 있는 엄마의 모습을 봅니다. 큰딸은 이때 엄마에게서 매우 낯선 느낌을 받습니다. 딸은 이때 처음으로 "아, 엄마에게도 오빠가 있었구나!"하고 새삼 깨닫습니다.

그 대목에서 소설은 이렇게 말하고 있습니다.

당연한 일을 왜 그제야 깨달았는지. 너에게 엄마는 처음부터 엄마였다. 너의 엄마에게도 첫걸음을 뗄 때가 있었다거나 세살 때가 있었다거나 열두살 혹은 스무살이 있었다는 것을 상상해본 적이 없었다. 너는 처음부터 엄마를 엄마로만 여겼다. 처음부터 엄마로 태어난 인간으로. 엄마가 너의 외삼촌을 두고 오빠! 부르며 달려가는 그 순간의 엄마를 보기 전까지는. 엄마도 네가 오빠들에게 갖는 감정을 마음속에 지니고 사는 인간이란 깨달음은 곧 엄마에게도 어린 시절이 있었겠구나,로 전환되었다.

_ 36~37쪽

박소녀는 마지막에 친정어머니 곁으로 돌아갑니다. 실제로 일어난 일이 아니라, 죽어가면서 가물가물한 의식 속에서 일어난 일처럼 보입니다. 박소녀는 파란 슬리퍼를 끌고 넝마가 된 육신을 이끌고 자신이 태어난 집으로 돌아갑니다. 마루에 앉아 있던 친정어머니는 푹 파인 상처 속으로 뼈가 드러나 보이는 딸의 발등을 보고는 양팔을 벌립니다. 마치 아기가 엄마 품에 안기듯 그 품에 안기며 그녀는 생각합니다. "엄마는 알고 있었을까. 나에게도 일평생 엄마가 필요했다는 것을."

　박소녀. 그녀는 누군가의 아내 혹은 아이들의 엄마이기 이전에 한 인간이었습니다. 한 인간으로서 그녀에게도 남편이 필요했고, 아버지도 필요했고, 엄마도 필요했습니다. 오빠도 필요했고, 친구도 필요했습니다. 그녀 안에는 어리광 부리고 싶은 어린아이도 있었고, 떨어지는 나뭇잎을 보며 눈물짓는 문학소녀도 있었으며, 봄바람에 마음 설레는 처녀도 있었고, 멋지게 차려입고 여행을 떠나고 싶은 중년 부인도 있었습니다. 하지만 오직 엄마의 역할에만 충실하도록 강요당했습니다. 그녀 자신도 그것이 잘하는 일이라 생각하고 살았습니다. 그로 말미암아 그녀의 삶이 얼마나 고단했을까요!

"엄마는 알고 있었을까. 나에게도 일평생 엄마가 필요했다는 것을." 그녀의 이 마지막 말이 제 마음을 아리게 합니다.

나는 이런 옷 입으면 안 된다니?

이 소설을 읽으면서 저 역시 늘 어머니를 '엄마'로만 생각해왔다는 사실을 깨달았습니다. 그분 안에도 못다 피운 꿈들이 많고, 아직도 마음으로는 그 꿈을 꾸고 계실 터인데, 저는 어머니를 그저 '엄마'로만 생각해왔습니다. 이런 생각을 하고 보니 오래 전에 있었던 일이 기억납니다.

제가 초등학교에 들어갈 즈음의 일이었던 것 같습니다. 삼촌이 다섯 분 계셨는데, 그중 한 분이 가끔 집을 나가서 한참 방랑을 하다가 돌아오곤 하셨습니다. 꿈은 터질 듯한데 꿈을 이룰 방도는 없으니 그럴 수밖에 없었습니다. 외항선을 타기도 하고, 공사판을 전전하기도

했습니다. 그렇게 몇 개월 혹은 몇 년간 객지를 떠돌다가 어느 날 불쑥 집에 돌아오곤 했습니다. 삼촌이 돌아올 때면 가족들은 삼촌이 외지에서 가져온 신기하고 진기한 물건들을 구경하는 재미에 푹 빠지곤 했습니다.

그러고 나면 삼촌의 옷가방을 정리하는 일은 큰며느리인 어머니의 몫이었습니다. 그날도 저희 형제들은 대청마루에서 놀고 있었고, 어머니는 어느새 친구들을 찾아 사라져버린 삼촌의 옷가방을 열어 정리하고 계셨습니다. 옷가지를 정리하시던 어머니가 어느 순간 "어머, 곱기도 해라!"하고 탄성을 지르셨습니다. 우리 형제는 일제히 고개를 돌렸습니다. 시골에서는 좀처럼 볼 수 없는 화사한 여자 옷들이 어머니의 손에 들려 있었습니다. 새 옷이 아니라 누군가 입던 헌 옷이었습니다. 그 옷을 하나하나 살펴보면서 어머니는 "아이고, 네 삼촌이 또 사고를 쳤나보다!" 하셨습니다. 아직 그런 것에 관심을 둘 나이가 아니었기 때문에 저희 형제들은 다시 중단했던 놀이를 계속

했습니다.

어머니가 정리한 옷을 들고 뒷방으로 가시고 한참 지나 저희들을 부르십니다. "얘들아, 엄마 어떠냐?" 우리 앞에 나타난 어머니의 모습을 보고 저희 형제는 그만 숨이 넘어가는 줄 알았습니다. 어머니가 삼촌 가방에 있던 그 화사한(실은 매우 '요사스런') 옷을 꺼내 입으시고는 마치 모델처럼 포즈를 취해가며 저희들에게 선을 보이신 겁니다. 순간, 동네 인근 미군 부대 앞에서 본 여자들이 생각났습니다. 저와 제 동생들은 일제히 소리쳤습니다. "엄마, 미쳤어? 왜 그래? 빨리 벗어!" 아마도 엄마가 미군 부대로 도망이라도 칠지 모른다고 겁을 먹었던 것 같습니다.

그랬더니 어머니는 "왜? 나는 이런 거 입으면 안 된다니?"라고 말씀하셨습니다. 당시 어머니 나이가 30대 초반이었을 겁니다. 어머니는 잠시 후 그 옷을 벗어 장롱 깊숙이 숨겨놓으셨고, 저는 그 옷을 입은 어머니 모습을 더는 보지 못했습니다. 그 모습을 보고 "아, 우리 엄마에게도 멋지게 치장하고 거리를 활보하고 싶은 마음이 있구나!"
라고 깨닫기에는 제가 너무 어렸습니다. 이제 와 생각하니 가끔 아무
도 없을 때에라도 어머니가 그 옷을 입어보고 잠시나마 즐거워했더
라면 참 좋았겠다 싶습니다. 그렇게 했다면 가족들 뒤치다꺼리하느
라 일의 포로가 되어 살아야 했던 어머니가 그 환상 속에서나마 잠시
라도 휴식을 얻었을 테니까요. 그랬으면 어머니에게는 큰 도움이 되
었겠지요!

　어리석은 저는 그 이후 지금까지 이 사실을 진지하게 생각해본 적
이 없었습니다. 그러기는커녕 그런 모습이 어머니에게는 어울리지
않는다고 생각했던 것 같습니다. 엄마는 언제나 엄마로만 있어주기
를 바랐던 이기적인 불효자가 바로 저입니다.

내면을 들여다보라

그런데 알고 보면 그런 잘못을 어머니에게만 하는 것은 아닙니다. 아버지에게도 그렇게 합니다. 아버지 안에도 응석부리고 싶은 어린 아이가 있고, 장난기 심한 소년도 있으며, 꿈으로 가슴이 터질 듯한 청소년도 있고, 백마를 탄 왕자가 되고 싶은 청년도 있다는 사실을 생각하지 않습니다. 아버지는 늘 아버지의 모습으로 그 역할에만 충실해주기를 기대합니다. 자식들 모두가 아버지를 그렇게만 여기고 대하는 동안, 아버지는 외로움에 시름이 깊어집니다. 김현승 시인은 "아버지가 마시는 술잔에는 보이지 않는 눈물이 반"이라고 했는데, 이 사실을 알아주는 가족이 있어야 했습니다.

아내와 남편의 관계에서도 그렇습니다. 아내가 남편을 남편으로만 알고 남편으로만 있어주기를 기대하는 것은 남편을 무척 외롭고 힘들게 하는 일입니다. 아내는 남편 안에 어리광쟁이 어린아이도 있고, 장난기 가득한 소년도 있으며, 모든 것을 할 수 있을 것 같은 청소년

도 있고, 영화의 주인공이 되고 싶은 청년도 있고, 세상을 호령하고
픈 대장부도 있음을 알아주어야 합니다. 가출하여 밤거리를 휘젓고
다니고 싶은 불량아도 그 안에 있고, 선교사가 되어 인생을 고스란히
바치고 싶어 하는 거룩한 사람도 그 안에 있습니다. 지금 아내의 눈
에 남편이 아무리 초라해 보여도, 그의 마음속에는 아직 식지 않은
열정이 있고 포기할 수 없는 꿈이 있습니다. 그것을 먼저 알아주어야
합니다.

아내들이여, 남편을 단순히 남편이 아니라 남자로 대해주길 바랍니
다. 그 남자 안에 담겨 있는 온갖 꿈을 다시 한 번 살펴주길 바랍니
다. 남편을 대하되 때로는 철없는 아이로, 때로는 꿈 많은 소년으로,
때로는 가출을 꿈꾸는 문제아로, 때로는 백마 탄 왕자로, 때로는 세
상을 호령하는 대장부로 대해주길 바랍니다. "아휴, 그렇게 하면 제
남편은 기고만장해져서 무슨 사고를 칠지 몰라요"라고 항변하고 싶
을 수도 있습니다. 저도 사고뭉치 남편들을 많이 봐왔습니다만, 아내

의 인정과 존경을 받는 남편들 중에는 그런 경우를 별로 보지 못했습니다. 남편의 숨겨진 꿈을 아내가 알아주고 다독여주면 큰 사고는 치지 않습니다. 아내가 무시하고 억압하고 외면하니 대형 사고를 치는 겁니다.

남편들이여, 아내를 단순히 아내로만 대하지 맙시다. 우리의 아내들은 아내 그 이상입니다. 애들 엄마 그 이상입니다. 당신의 눈에는 모든 가능성이 다 사라져버린 하찮은 사람처럼 보일지 모르지만, 그 안에 다 살아 있습니다. 시인이 되고 싶은 소녀도 있고, 화려한 옷을 입고 뭇 남성들의 시선을 사로잡고 싶은 숙녀도 그대로 살아 숨 쉬고 있습니다. 당신의 아내 안에는 마음껏 망가져보고 싶어 하는 탕녀도 있고, 수도원에 들어가 거룩하게 일생을 바치고 싶은 수녀도 있습니다. 그것을 알아주어야 합니다.

모처럼 나들이 나갈 때, 시뻘겋게 립스틱을 바르고 두꺼운 분칠을 하고 나와도 곱게 봐 주십시오. 어쩌다가 비싼 원피스를 사 가지고

들어오면 "잘했어. 아주 잘 어울리는데"라고 칭찬해주십시오. "아휴, 그러다 아내가 살림을 거덜 내면 어쩌려고 그러십니까?"라고 말씀하시겠습니까? 그동안 낭비벽이 심한 여성들을 많이 보긴 했지만, 남편의 사랑과 인정을 받는 여성들 중에서는 그런 경우를 본 적이 없습니다. 사치와 낭비의 습관은 사랑받지 못한 욕구 불만에서 나오는 경우가 대부분입니다.

　미국의 한 대도시에서 고급 부티크를 운영하는 분에게서 들은 이야기입니다. 그분의 가게는 외국 디자이너들이 만든 고가의 옷만 취급하고, 고객들도 대부분 단골들입니다. 그런데 고객 중에 대형 이민교회의 담임목사 부인도 있었습니다. 그녀는 일 년에 몇 차례씩 그 가게에 찾아와 수천 달러어치의 옷을 사 가지고 가곤 했습니다. 처음에는 그 부인이 이해가 되지 않았습니다. 그러나 그녀가 어떻게 살고 있는지, 그 실상을 알고 나자 이해할 수 있게 되었습니다. 대형 교회를 일구기 위해 전력투구하느라 가정을 돌아보지 못하는 남편 때문에 그녀는 욕구 불만에 시달렸던 것입니다. 자신도 그것이 큰 잘못인 줄 알았지만, 구매 충동을 억누를 수 없었습니다. 다행히 이 사실을 뒤늦게 안 남편이 아내를 보살피게 되었고, 그 욕구 불만은 치료되었습니다.

낭만에 대하여

다시 박소녀 이야기로 돌아가겠습니다. 그녀는 가난한 살림살이 때문에 낭만을 누릴 여유가 없었습니다. 그녀에게 낭만은 사치에 불과했습니다. 하지만 그런 상황에서도 마음속에 있는 낭만의 욕구는 여러 가지 모습으로 표출되었습니다. 그녀 안에 문학소녀가 여전히 살아 있었기 때문입니다.

늦가을이 되어 문종이를 새로 바를 때마다 문고리 바로 옆에 단풍잎을 붙여 장식하는 것이 그 대표적인 예입니다. 엄마의 심부름으로 단풍잎을 따고 있던 아이들에게 고모는 핀잔을 합니다. "어이구, 니 에민 그게 무슨 낭만이라냐! 한겨울에 단풍잎 붙은 문을 열라치면 더 썰렁하기만 허더마는 좀 그러지 말라고 해도 또 붙일 모양이구만!" 고모가 제대로 본 것입니다. 문고리 옆에 단풍잎을 붙이는 것은 "그 시절에 누린 엄마의 최대의 낭만"이었습니다. 박소녀는 큰아들이 처음 제 힘으로 장만한 집 담장에 살림에 도움이 되는 과일나무나 채소가 아니라 장미 묘목을 사다 심을 줄 아는 사람이었습니다. 이처럼 그녀의 내면에 숨어 있던 어린 소녀는 때때로 모습을 드러내어 식구들을 놀라게 했습니다.

박소녀의 '숨겨진 남자' 이은규의 이야기는 그녀의 내면에 대해 더 많은 것을 알려줍니다. 이은규는 박소녀에게 진 사랑의 빚 때문에 삼십 년이 넘도록 그녀의 의지처가 되어주었습니다. 어렵고 힘들 때마다, 막막하고 깜깜할 때마다 박소녀는 이은규를 찾아가 힘을 얻고 돌아오곤 했습니다. 매우 위험해질 수도 있는 관계였지만, 둘은 지켜야

할 선을 지킵니다. 욕망이 없어서가 아니었습니다. 그녀에게도 욕망이 있었습니다. 아마도 그녀 자신이 그 사실에 더 놀랐을 것입니다. 다음 대목에서 그녀의 이런 감정이 잘 나타납니다.

> 마음이 불안할 때마다 당신을 찾아가는 일을 반복하면서도 손도 잡지 못하게 해 미안했소. 나는 그렇게 당신에게 다가갔으면서 당신이 내게 다가오는 것 같으면 몰인정하게 굴었네. 생각해보면 참 나쁜 일이었네. 미안하구 미안허요. 처음에는 어색해서 그랬고, 얼마 후엔 그래선 안 될 것 같아 그랬고, 나중엔 내가 늙어 있었소이. 당신은 내게 죄였고 행복이었네." _234쪽

이렇게 어려울 때마다 이은규를 찾던 박소녀는 언제부터인가 발걸음을 뚝 끊습니다. 언젠가 둘이 만나 이야기를 나누던 중에 박소녀가 큰딸에게서 들은 산티아고 이야기를 책에서 읽었다며 해줍니다. 그곳에 가보고 싶어 하던 큰딸이 가끔 그곳 얘기를 들려주곤 했는데,

그에게는 자신이 가고 싶어 하는 곳인 것처럼 말했습니다. 그러자 이은규는 그렇게 가고 싶으면 언젠가 함께 가자고 대답했습니다. 그 대화를 회상하는 박소녀는 이렇게 말합니다.

어딘가를 함께 가보자고 하는 말을 당신에게서 듣고 나니 가슴이 철렁 내려앉았소이. 내가 당신을 다시 찾아가지 않은 게 그날 이후부턴가보오.
_235쪽

가고 싶은 곳이 있으면 언젠가 함께 가자는 말에 왜 그녀의 마음이 철렁 내려앉았을까요? 그녀에게도 그러고 싶은 마음이 있었기 때문입니다. 왜 안 그랬겠습니까? 지옥 같은 집구석을 떠나 진실로 자신을 아껴주는 남자와 여행을 떠나고 싶은 마음이 왜 없었겠습니까? 하지만 인생이 어디 하고 싶은 대로만 할 수 있습니까? 그래서 그 욕망을 마음 깊은 곳에 감추고 있었을 것입니다. 그가 "가고 싶으면 함께 가자"고 했을 때, 박소녀는 마치 자신의 마음을 들킨 것 같아 가슴이 철렁 내려앉았던 것입니다. 혹시나 그가 심하게 흔들면 자신의 마음이 요동칠 것 같은 위험을 느꼈을지도 모릅니다. 그랬기에 그 이후로 발길을 끊고 살았습니다.

아무도 눈길 주지 않는 시골 아낙에게 그런 마음이 있을지 누가 짐작이라도 했겠습니까? 하지만 마음은 누구나 같습니다. 외모는 달라도 마음의 지도는 같습니다. 겉으로 보이는 모습이 전부라고 생각해서는 안 됩니다. 내면을 들여다보아야 합니다. 내면에 숨어 있는 모든 열망을 살펴주고 돌봐주어야 합니다. 그래야 건강한 마음을 유지할 수 있고, 그래야 큰 실수를 범하지 않을 수 있습니다. 무시하고 억압했던 내면의 실체가 모습을 드러낼 때면 이미 때는 늦은 것입니다.

예 수 가 출 사 건

자녀들의 경우도 마찬가지입니다. 자녀들을 늘 어린애로만 보지 말아야 합니다. 아직 어리다 해도 독립적인 한 인간으로 대하고 존중해주어야 합니다. 아이의 마음 안에도 다 있습니다. 어린아이도 있고, 소년도 있으며, 청년도 있고, 장년과 노년도 있습니다. 모범생도 있고, 부랑아도 있습니다. 악한도 있고, 성자도 있습니다. 부모의 꿈보다 더 대단하고 놀라운 꿈이 그들 안에 있습니다. 부모는 그것을 알아주고 격려해주어야 합니다. 때로는 응석을 받아주기도 해야 하지만, 또 때로는 혼자 생각하고 결정할 수 있도록 거리를 두고 의사를 존중해줄 필요도 있습니다.

누가복음 2장에는 열두 살의 예수 이야기가 나옵니다. 우리는 이 이야기를 늘 '예수 실종 사건'으로만 읽어왔습니다. '미아가 된 예수'로만 생각했습니다. 하지만 이 시대의 탁월한 영성 신학자인 유진 피터슨은 이 이야기를 '예수 가출 사건'으로 파악합니다. 이야기의 초점은 마리아와 요셉이 아들 예수를 잃어버린 데 있다기보다, 소년 예수가 자신의 정체성을 깨닫고 잠시 부모로부터 독립했다는 데 있다는 것입니다.

열두 살짜리 아들을 잃어버리고 나서 사흘 동안 예루살렘 곳곳을 뒤지다가 성전에서 아들을 발견한 마리아와 요셉의 심정을 한번 생각해보십시오. 성전 뜰에서 율법학자들과 토론을 하고 있는 아들을 보고 어머니 마리아가 말합니다.

"얘야, 이게 무슨 일이냐? 네 아버지와 내가 너를 찾느라고 얼마나 애를 태웠는지 모른다"(눅 2:48, 표준새번역).

그곳이 성전이었고 존경해야 마땅할 율법학자들이 쳐다보고 있었기에 마리아는 최대한 감정을 억눌렀을 것입니다. 만약 그곳에 아무도 없었다면 마리아와 요셉은 우리와 별로 다르지 않게 반응했을 것입니다.

그런데 소년 예수는 어쩌면 당돌하다 할 수 있는 태도로 반응합니다. "어찌하여 나를 찾으셨습니까? 내가 내 아버지의 집에 있어야 할 줄을 알지 못하셨습니까?"(눅 2:49, 표준새번역) 이 말을 들었을 때 부모의 심정이 어땠을까요? 십대 자녀를 둔 분이라면 쉽게 상상할 수 있을 것입니다. 하지만 제삼자의 입장에서 이 이야기를 읽는 우리는 이런 말을 하는 소년 예수의 마음을 살펴보아야 합니다. 그 말 속에 소년 예수가 잠시 가출한 이유가 담겨져 있기 때문입니다.

유진 피터슨은 《거북한 십대, 거룩한 십대》에서 소년 예수가 하고 싶었던 말은 다음과 같은 것이었을 거라고 추측합니다.

왜 제 일거수일투족을 모두 통제하려고 하십니까? 제가 어렸을 때는 그렇게 해도 괜찮았지만, 저는 이제 부모님이 항상 지켜보아야 하는 어린아이가 아닙니다. 제게는 부모님과는 다른 저만의 삶이 있습니다. 하나님과 저의 관계는 부모님이 예상할 수 없는 길들로 저를 인도할 것입니다. 저는 부모님의 기대를 넘어서는 삶을 살게 될 것입니다. 제 인생에는 부모님이

지우시지 않은 다른 요청들, 제가 순종해야만 하는 요청들이 있습니다. 제 인생에는 그저 부모님이 시키는 대로만 하는 것 이상의 의미가 있습니다. 저는 지금까지 제게 주어진 것보다 더 많은 의무를 제가 담당해야 한다는 사실을 깨닫기 시작했습니다. 세상은 나사렛에 있는 집과 나사렛에서 드리는 예배가 전부가 아닙니다. 저는 '내 아버지의 집'이라고 하는 더 넓은 세상에서 살기 시작했습니다. 저는 부모님께 순종하여 성전으로 왔습니다. 부모님을 따르는 데서 시작된 순종이 이제는 부모님을 떠나 계속되어야 한다는 것을 모르십니까?

그때까지 마리아와 요셉은 아들의 내면에 무엇이 들어 있으며 어떤 꿈이 꿈틀대고 있는지 아직 알지 못했습니다. 그들은 당시 예수님을 '열두 살짜리 꼬마'로만 여기고 그렇게 대했으며, '우리 자식'이라고만 생각했습니다. 하지만 소년 예수의 마음속에는 하나님의 아들로서의 정체성과 소명 의식이 자라고 있었습니다. 예수님의 부모는 이런 사실에 대해 미처 눈뜨지 못하고 있었습니다. 그래서 50절에 보면 "그러나 부모는 예수가 자기들에게 한 그 말이 무슨 뜻인지를 깨닫지 못했다"고 되어 있습니다.

다행히 모든 일을 마음에 두고 그 뜻을 살피는 거룩한 습관을 가지고 있던 마리아는 "이 모든 일을 마음에 간직"했습니다. 아마도 이때 마리아는 예수님의 내면을 보기 시작했을 것입니다. 30세 즈음에 공생애를 시작하기 전까지 아들과 함께 살면서, 마리아는 예수님 안에 있는 많은 가능성을 알아보고 그에 맞게 행동했을 것입니다. 때로는 아들처럼 대하고, 때로는 큰 예언자처럼 대했을 것입니다. 그러한 훈련이 결국 마리아로 하여금 하나님의 일을 위해 사랑하는 아들을 내어놓게 했고, 십자가에 이르는 그 험하고 고통스러운 길을 아들과 함께 걸을 수 있게 했을 것입니다. 예수님도 어머니를 많은 여인들 중 한 사람으로 대하기도 하고, 때로는 아들로서 그 어머니 품에 기대어 쉬기도 했을 것입니다.

자식은 손님이다

엄밀하게 말하면 자녀는 우리를 찾아온 손님입니다. 필요한 기간 머물다가 떠나갈 사람들입니다. 부모의 책임은 함께 머무는 동안 잘 대접하고, 떠나야 할 때 잘 떠나게 하는 것입니다. 달리 표현하면 내 자녀들에게 나는 양부모입니다. 친부모는 따로 있습니다. 양부모로서 내 책임은 그들을 잘 양육하다가 친부모를 찾아 떠나도록 돕는 일입니다. "내가 내 아버지의 집에 있어야 할 줄을 모르셨습니까?"라는 말은 예수님에게만 해당되는 말이 아니라, 하나님을 믿는 사람들이면 누구에게나 해당되는 말입니다.

그렇기 때문에 자녀들을 대할 때 너무 가깝지도 않고 너무 멀지도 않게 적당한 거리를 유지하는 것이 좋습니다. 신조어 중 '헬리콥터 부모'라는 말이 있습니다. 언제나 자식 주변을 맴도는 부모를 가리키는 말입니다. 생각할수록 잘 만든 비유 같습니다. 헬리콥터가 주변에서 맴돌면 소음 때문에 의사소통을 할 수도 없고, 프로펠러가 만들어내는 바람 때문에 몸을 제대로 가누기도 어렵습니다. 정상적인 활동이 불가능합니다. 부모가 자녀에게 너무 밀착되어 있으면 이와 비슷한 현상이 벌어집니다. 부모의 간섭과 통제 때문에 아이가 제대로 성장하지 못합니다.

지금 우리 가정과 학교, 학원에서 이루어지는 교육은 아이들을 활짝 꽃피게 하기는커녕 질식시키고 있습니다. 다들 부모가 못다 이룬 꿈을 자식을 통해서 이루려 합니다. 그냥 두면 스스로 알아서 꿈꾸고 그 꿈을 향해 자라갈 텐데, 조급증에 걸린 대부분의 부모들은 이를 기다려주지 못하고 우격다짐으로 꿈을 주입하고 그 꿈을 이뤄가려 합니다. 그러다 보니 아이들은 어릴 때부터 밖에 나가 뛰어놀 시간도 없이 학원에서 학원으로 전전하고 있습니다.

어느 피아노 학원 선생님에게서 들은 이야기입니다. 하루에 학원을 네 개나 다니는 아이가 어느 날 지치고 화난 모습으로 들어와 앉더니 이렇게 말하더랍니다.

"씨, 나중에 돈 많이 벌어서 엄마 아빠 늙었을 때 학원 보낼 거야!"

자녀에 대한 부모의 집착은 성인이 된 후에도 계속될 때가 많습니다. 목회를 하다 보니 문제를 겪는 가정들을 자주 만나 상담을 하게 됩니다. 그 과정에서 거듭 발견하는 것은 자녀도 부모를 제대로 떠나지 못하고, 부모도 자녀를 제대로 떠나보내지 못한다는 사실입니다. 그리고 그것은 결혼 생활에 커다란 지장을 줍니다.

이런 의미에서 "남자가 부모를 떠나 그의 아내와 합하여 둘이 한 몸을 이룰지로다"(창 2:24)라는 말씀은 결혼의 기본 원리를 제시해준다 할 수 있습니다. 건강한 결혼이 성립하기 위해 가장 먼저 필요한 것은 '떠남'입니다. 남자만 그런 것이 아니라 여자도 그렇습니다. 부모는 자식을 떠나보내야 하고, 자식은 부모를 떠나야 합니다. 물리적으로만이 아니라 정신적으로도 그래야 합니다. 서로 의지하고 존경하고 사랑하는 관계는 지속되어야 하지만, 도를 넘는 의존과 간섭은 바람직하지 않습니다.

이 모든 일이 가능하려면 자녀에 대한 소유권을 포기해야 합니다. 아니, '포기'라는 말에는 어폐가 있습니다. 누구도 자녀에 대한 소유권을 부모에게 준 적이 없기 때문입니다. 직접 낳은 자식이든 입양한 자식이든, 그 아이의 소유권은 하나님께 있습니다. 하나님은 내 아이의 친아버지로서 양아버지인 나보다 더 지극히 아이를 보살피고 계십니다. 아이는 친아버지인 하나님과의 관계 안에서 자신의 정체성을 찾고 삶의 방향을 잡아갈 것입니다. 친아버지께서 그에게 주신 꿈을 찾을 것이고, 그 꿈을 찾아갈 것입니다. 그것이 곧 아이의 성공이고, 양부모인 나의 성공이기도 합니다. 양부모인 나는 마침내 자식을 '그리스도 안에서의 형제 혹은 자매'로 대하는 자리에까지 이르러야 합니다.

이런 마음과 생각을 가지면 우리는 자녀를 제대로 볼 눈을 얻게 될 것입니다. 겉으로 보이는 것에 따라 행동하지 않게 됩니다. 육안으로 보지는 못하지만, 자녀의 내면에 숨겨진 많은 가능성을 믿고 그것들을 살필 수 있습니다. 이렇게 자녀를 대하다 보면 때로 경외심도 느낄 것이고, 때로는 낯선 느낌도 들 것입니다. 내가 보고 싶은 모습만 보려는 '눈의 비늘'이 벗겨져, 있는 모습 그대로를 볼 수 있습니다. 있는 그대로의 모습을 보기 시작하면, 아이가 '그대로' 있는 것이 아니라 날마다 새로워지는 것을 깨닫게 됩니다. 비로소 아이 안에서 활동하시는 하나님의 손길이 보이는 것입니다. 진실로 아이의 친아버지는 하나님이심을 확인합니다. 그때에야 비로소 우리는 자녀를 양육하도록 우리에게 맡겨주신 것이 얼마나 고귀한 사명인지 깨닫고 감격하게 됩니다.

나를 아세요?

가족을 대하는 원리가 이런 것이라면 이웃을 대할 때에도 같은 원리가 적용되어야 할 것입니다. 누구를 대하든, 우리는 겉에 보이는 모습에 속지 말아야 합니다. 하나의 역할로 사람을 제한하지 말아야 합니다. 사람의 마음을 보아야 합니다. 마음 안에 담긴 것들을 살펴야 합니다. 그렇게 살피고 그렇게 대할 때, 그 사람은 전체로 사랑받게 됩니다. 그리고 전체로서 온전히 사랑받을 때에만 우리는 행복할 수 있습니다. 이렇게 사람의 중심을 보고 그 사람을 전체로서 사랑하는 것이 '중심을 보시는 하나님'을 믿는 그리스도인의 삶의 특징이 되어야 할 것입니다. 이것이 모두가 진실로 원하는 진정한 '사람대접'입니다. 사람대접이 곧 사랑입니다.

예수께서 '양과 염소의 비유'에서 "너희가 여기 내 형제 중에 지극히 작은 자 하나에게 한 것이 곧 내게 한 것이니라"(마 25:40)라고 말씀하신 때 이런 것도 염두에 두셨을 것 같습니다. 겉에 보이는 모습에 속지 말고, 누구를 대하든 그 사람의 절대적 가치를 보고 사람대접을 해주라는 뜻이 담겨 있다고 생각합니다. 어떤 그리스도인이 세상 그 누구에게도 사람대접을 받지 못하던 사람을 만나 "내가 당신에

게 처음으로 사람대접을 받습니다"라는 고백을 듣게 된다면, 그는 진
실로 예수 그리스도의 제자라 할 수 있을 것입니다.

　1980년경 영국 던디 근교에 있는 애쉬루디 병원의 노인 병동에서
케이트라는 이름을 가진 할머니가 세상을 떠났습니다. 그런데 간호
사들이 병약하고 가난했던 할머니의 소지품을 정리하다가 호주머니
에 들어 있던 쪽지를 하나 발견했습니다. 쪽지에는 이렇게 쓰여 있었
습니다.

　간호사 아가씨
　당신 눈에는 누가 보이나요?
　제가 어떤 모습으로 보이나요?
　심술궂고 그다지 현명하지도 않고
　변덕이 심하고 눈초리도 흐리멍덩한
　먹을 때 칠칠치 못하게 음식을 흘리고

당신들이 큰소리로 "한번 노력이라도 해봐요!" 하고 소리 질러도

아무런 대꾸도 못하는

당신이 하는 일이 무엇인지도 알지 못하고

늘 양말 한 짝과 신발 한 짝을 잃어버리고 다니는

아무런 저항 없이 아무 생각 없이

하루 종일

씻기든 먹이든

당신이 하는 대로 맡기고 사는

그게 바로 당신이 생각하는 '나' 인가요?

그게 당신 눈에 비친 '나' 인가요?

그렇다면 눈을 떠보세요

당신은 저를 보지 않고 있어요

이렇게 여기 가만히 앉아서

당신이 하라는 대로 하고 먹으라는 대로 먹으면서
제가 누구인가를 말해줄게요

저는 열 살짜리 어린 소녀랍니다
사랑스런 엄마와 아빠
서로 사랑하는 오빠, 언니, 동생들도 있지요
저는 발에 날개를 단 열여섯 처녀이기도 합니다
곧 사랑하는 사람을 만날 꿈을 꾸고 있지요
저는 또한 스무 살의 꽃다운 신부입니다
영원한 사랑을 맹세하면서 콩닥콩닥 가슴이 뛰는
아름다운 신부 말입니다
아이를 품에 안고 있는
스물다섯의 엄마도 제 안에 있습니다
그 아이를 위해 포근한 안식처를 만들어주고 있습니다

마흔 살의 저도 있네요

이젠 아이들이 다 자라 집을 떠났어요

하지만 남편이 곁에 있으니 울지 않습니다

제 안에는 다시금 무릎 위에 아가들을 안고 있는

쉰 살의 할머니도 있습니다

사랑스런 손자들과 나

행복한 할머니입니다

제 안에는

남편이 먼저 세상을 떠나 우울해하는 저도 있습니다

저는 홀로 살아갈 미래를 생각하며 떨고 있어요

제 아이들은 자기 자식들을 키우느라 정신이 없습니다

지나간 날들을 기억하고

그때 나누었던 사랑을 되새기고 있습니다

어느새 제가 노파가 되어버렸네요
세월은 참으로 잔인하지요
노인을 바보로 만드니까요
몸은 쇠약해지고 우아했던 기품과 정열은 저를 떠나버렸어요
한때 힘차게 박동하던 심장은 돌덩이가 되어버렸네요

하지만 아세요?
제 늙어버린 몸뚱이 안에
아직도 열여섯 처녀가 살고 있다는 것을
그리고 이따금씩 쪼그라든 저의 심장이
다시 부풀어 오른다는 것을
젊은 날들의 기쁨을 기억해요
젊은 날들의 아픔도 기억해요
저는 기억 속에서

아직도 사랑하고 있고
지나간 삶을 다시 살고 있어요
지난 세월을 되돌아보니
너무나도 짧았고
너무나도 빨리 가버렸네요
세상 그 무엇도 영원하지 않다는 엄연한 진리를
이제 받아들입니다

그러니 간호사 아가씨
이제 눈을 떠보세요
그리고 절 바라보세요
겉으로 보이는 '심술궂은 노파' 말고요
자세히 보세요
이 속에 있는 '진짜 나'를

좀 보아주세요

_필리스 맥코맥, 〈누가 보이나요〉

　나중에 알려진 바에 따르면, 이 시는 1966년에 필리스 맥코맥이라는 간호사가 쓴 시입니다. 그녀는 노인 병동에 근무하면서 환자들을 대하는 간호사들의 무심한 태도에 실망하여 이 시를 썼고, 병원 잡지에 작자 미상으로 게재했습니다. 어떻게 하여 케이트가 이 시를 손에 넣게 되었는지 알 수 없지만, 그녀는 이 시를 적은 쪽지를 호주머니에 넣고 다녔습니다. 그리고 공교롭게도 이 시는 원저자인 필리스가 아니라 케이트 때문에 널리 알려지게 되었습니다. 하지만 이 시가 널리 알려지게 된 진짜 이유는 이 시에 담긴 진실 때문입니다. 한 사람 안에 여러 사람이 공존한다는 진실, 사람을 겉만 보고 대해서는 안 된다는 진실, 사람대접이란 사람을 있는 그대로 전체로서 대하는 것이라는 진실을 담고 있기 때문에 많은 이들의 마음을 사로잡은 것입니다.

자기 사랑에 관하여

이 모든 이야기는 결국 자신에 대한 태도의 문제로 귀결됩니다. "네 이웃을 네 자신 같이 사랑하라"(마 22:39)는 말씀은 이웃을 사랑하기 전에 자기 자신을 먼저 사랑하라는, 이웃을 사랑하는 법을 묻기 전에 먼저 자기 자신을 사랑하는 법을 배우라는 암시를 담고 있습니다. 자신을 사랑하지 않는 사람은 다른 사람을 제대로 사랑할 수 없는 법입니다. 만일 한 사람을 사랑하는 것이 그 사람을 있는 그대로 받아주고 그 사람 안에 있는 모든 가능성을 인정하고 살펴주는 데서 시작한다면, 자신을 사랑하는 것도 이와 같은 출발점에서 시작한다고 할 수 있습니다.

진실로 그렇습니다. 자신을 어느 하나의 역할이나 이미지로 규정하고 그것 외에는 모든 것을 부정하거나 외면하거나 억압하는 것은 자신을 사랑하는 것이 아니라 증오하는 것이 됩니다. 자신 안에 있는 여러 종류의 아이들을 너그러이 바라보아야 하고, 설사 내가 원치 않는 성향이나 욕망이 보이더라도 과민 반응을 보이지 말아야 합니다. "그게 사람인 걸! 그게 나인 걸!"이라고 생각해야 합니다. 그러면서 내가 키우기를 바라는 아이와 열망을 키워가야 합니다. 내가 가장 원하는 것이 거룩한 사람이 되는 것이라 해도, 내 안에 있는 악한을 인정하고 다독거려주어야 합니다. 그렇게 함으로써 내 속에 있는 악한을 길들일 수 있습니다. 그렇지 않고 지나치게 억압하면, 그 악한은 어느 날 거사를 도모할 것입니다.

얼마 전 미국의 한 대형 이민 교회 목회자가 스캔들로 낙마했습니다. 몇몇 여성 교인들과 성관계가 있었다는 사실이 밝혀졌기 때문입니다. 이 일로 미국 이민 사회와 교계는 큰 충격을 받았습니다. 그 목회자가 평소 신실하고 거룩한 이미지로 널리 알려진 분이었기 때문입니다. 저도 예전에 그 목사님이 섬기는 교회에 다녔던 분을 통해 그 목사님에 대해 조금 들어 알고 있었습니다. 젊은 시절에 그분은 교회에서 여성 신도들과 악수조차 하지 않았다고 합니다. 그만큼 철저하게 자기 관리를 했던 분입니다. 그런 분이었기에 그 소식은 더 충격적이었습니다.

하지만 저는 그런 분이었기에 그렇게 넘어진 것이 아닌가 하는 생각을 해보았습니다. 지나친 철저함이 그를 넘어뜨린 것입니다. 너무 지나치게 자신의 내면에 있는 악한을 억압했던 것입니다. 처음에는 숨죽이고 있던 악한이 어느 날 더는 참지 못하고 거사를 도모하자, 그분은 무력하게 넘어지고 말았습니다. 물론 그분이 넘어진 데에는 다른 이유도 있겠지만, 이것 또한 중요한 이유 중 하나일 것입니다. 자신에게 좀 더 너그럽게 대하고 자신의 내면에 있는 악한을 잘 다독였다면 넘어지지 않았을지도 모릅니다.

저는 목회 경험을 통해 모범생과 현모양처 혹은 착한 남편들이 오히려 내면에 상처가 많고, 그 때문에 심리적 질병에 가장 쉽게 노출된다는 사실을 거듭 확인하곤 합니다. 어릴 때부터 모든 사람에게 칭찬만 받고 자란 사람에게 문제가 가장 많을 수 있습니다. 그 사람 안에 있는 '착한 아이'만 대접을 받고 다른 아이들은 억압을 받기 때문입니다. 그런 환경에서 자라다 보면 스스로 자신을 하나의 틀 안에 가두기 쉽습니다. 부모에게도, 배우자에게도, 자녀들에게도 언제나 칭찬만 듣고 싶어 하다 보니 감당할 수 없을 정도의 희생까지도 감수하려 합니다. 대신 그로 말미암은 상처와 아픔은 오랜 세월 켜켜이 마음에 쌓이게 됩니다. 그러다 어느 날 갑자기 무너져내리거나 시름시름 앓는 일이 생깁니다. 그 사람의 내면을 모르는 사람에게는 '아닌 밤중에 홍두깨' 격으로 보이지만, 실상은 알고 보면 필연적인 결과라 할 수 있습니다.

독일이 낳은 천재적인 신학자요, 히틀러 암살 모의에 가담했다가 사형당한 디트리히 본회퍼의 기도문이 생각납니다. 이 기도문에는 자신의 내면을 정직하게 들여다보는 사람만이 할 수 있는 고백이 담겨 있습니다.

나는 누구인가
남들은 종종 내게 말하기를
감방에서 나오는 나의 모습이
어찌나 침착하고 명랑하고 확고한지
마치 성에서 나오는 영주 같다는데

나는 누구인가
남들은 종종 내게 말하기를
간수들과 대화하는 내 모습이
어찌나 자유롭고 사근사근하고 밝은지

마치 내가 명령하는 것 같다는데

나는 누구인가
남들은 종종 내게 말하기를
불행한 나날을 견디는 내 모습이
어찌나 한결같고 벙글거리고 당당한지
늘 승리하는 사람 같다는데

남들이 말하는 내가 참 나인가
나 스스로 아는 내가 참 나인가
새장에 갇힌 새처럼 불안하고 그립고 병약한 나
목 졸린 숨을 쉬려고 버둥거리는 나
빛깔과 꽃, 새소리에 주리고
따스한 말과 인정에 목말라 하는 나

방자함과 사소한 모욕에도 치를 떠는 나
좋은 일을 학수고대하며 서성거리는 나
멀리 있는 벗의 신변을 무력하게 걱정하는 나
기도에도 생각에도 일에도 지쳐 멍한 나
풀이 죽어 작별을 준비하는 나인데

나는 누구인가
이것이 나인가, 저것이 나인가
오늘은 이 사람이고, 내일은 저 사람인가
둘 다인가
사람들 앞에서는 허세를 부리고
자신 앞에서는 천박하게 우는 소리 잘하는 겁쟁이인가
내 속에 남아 있는 것은
이미 거둔 승리 앞에서 꽁무니를 빼는 패잔병 같은가

나는 누구인가

으스스한 질문이 나를 조롱한다

내가 누구인지

당신은 아시오니

나는 당신의 것입니다

오, 하나님!

_ 디트리히 본회퍼, 《나는 누구인가》

본회퍼 같은 분 안에도 이런 모습이 있으니 얼마나 위로가 되는지요! 그가 끝까지 자신의 믿음과 신념을 지킬 수 있었던 힘은 이토록 자신을 정직하게 보고, 부끄러운 모습조차 자신의 일부로 인정하고, 하나님께 의지한 데서 비롯되었다고 할 수 있습니다. 예수님께서도 다가오는 죽음을 내다보시며 제자들 앞에서 이렇게 말씀하신 적이 있습니다. "지금 내 마음이 괴로우니, 내가 무슨 말을 하여야 할까?

'아버지, 이 때를 벗어나게 하여 주십시오' 하고 말할까?"(요 12:27, 표준새번역). 내면에 있던 약한 모습을 드러내신 것입니다. 하지만 곧바로 이렇게 말씀을 이어가십니다. "아니다. 내가 바로 이 일을 위하여 이 때에 왔다." 본회퍼도 예수님도 모두 내면의 약한 부분까지 인정하셨는데, 우리가 무슨 자격으로 우리 안에 있는 악동들을 인정하지 못하는 것일까요?

자신을 사랑하는 일은 자신을 있는 모습 그대로 받아들이고 전체로서 대하는 것에서 시작됩니다. 내면의 다양한 열망들을 자연스럽게 받아들이고, 자기 안에 있는 여러 아이들을 인정하고 포용해야 합니다. 그들을 적당히 다독거리면서 자신이 키우고 싶은 한 아이를 건강하게 키워가야 합니다. 그럴 때 비로소 선택을 받은 큰아이 밑으로 다른 아이들이 들어옵니다. 그리고 이렇게 자기 자신을 대할 줄 아는 사람만이 다른 사람을 전인적으로 대할 수 있고, 있는 그대로 사랑할 수 있습니다.

내 모습 이대로

결국 우리는 다시 하나님을 생각하게 됩니다. 우리 자신을 있는 그 대로 사랑하는 것, 가족과 이웃을 있는 그대로 받아들이고 사랑하는 것은 모두 하나님께서 우리를 있는 그대로 받으시고 사랑하셨다는 사실을 기억할 때 가능한 일입니다. 사도 바울은 로마서에서 이 사실을 여러 가지 말로 표현하고 있습니다.

우리가 아직 연약할 때에 기약대로 그리스도께서 경건하지 않은 자를 위하여 죽으셨도다. _롬 5:6

우리가 아직 죄인 되었을 때에 그리스도께서 우리를 위하여 죽으심으로 하나님께서 우리에 대한 자기의 사랑을 확증하셨느니라. _롬 5:8

곧 우리가 원수 되었을 때에 그의 아들의 죽으심으로 말미암아 하나님과 화목하게 되었은즉 화목하게 된 자로서는 더욱 그의 살아나심으로 말미암아 구원을 받을 것이니라. _롬 5:10

우리를 찾으시고 구원해주실 때 하나님은 우리에게 아무런 조건도 달지 않으셨습니다. 앞으로 거룩해지겠다는 다짐을 받고 받아주신 것이 아닙니다. 있는 그대로, 약한 상태 그대로, 죄인의 모습 그대로, 하나님과 원수진 상태 그대로, 우리를 찾으셨고 구속하셨고 은혜를 베풀어주셨습니다. 성령의 은혜 안에 있으면 변화되어갈 것은 분명하지만, 그것이 하나님께서 사랑을 베풀어주신 조건은 결코 아니었습니다.

그분의 사랑 안에 있으면 우리는 더 이상 과거의 존재로 머물러 있을 수 없습니다. 하지만 하나님은 그런 변화의 가능성 때문에 우리를 사랑하신 것이 아닙니다. 있는 그대로의 나를 사랑하신 것입니다. 그렇다면 나도 나를 사랑해야 하지 않겠습니까? 하나님께서 사랑하신 '나'를 내가 미워하거나 무시하거나 하찮게 여길 수는 없는 일입니다. 다른 이가 아니라 중심을 보시는 하나님, 거룩하신 하나님, 모든 것을 아시는 하나님이 사랑하신 '나'이므로 나도 나를 사랑해야 합니다. 하나님께서 있는 그대로 나를 받아주셨으니 나도 있는 그대로 나를 받아들여야 합니다. 그때에야 진정한 변화가 일어납니다.

나뿐 아닙니다. 가족과 이웃을 바라볼 때에도 이 사실을 기억해야 합니다. 내 눈에는 하찮아 보여도, 하나님께서는 나를 사랑하시는 것만큼이나 그 사람을 사랑하십니다. 하나님께서 사랑하신 사람을 내가 미워하거나 무시하거나 하찮게 여길 수는 없는 일입니다. 하나님께서 괜찮다는데, 그 사람에 대해 못마땅하게 여길 권리가 우리에게 있을까요? '하나님의 높은 기준에서 괜찮다고 하시는데, 왜 나의 낮은 기준으로 재단하려 하는가' 이런 생각을 하면 정신이 번쩍 듭니다. 내가 가족과 이웃을 대하면서 얼마나 많은 잘못을 저질렀는지를 깨닫기 때문입니다.

저는 이 글을 회개의 심정으로 쓰고 있습니다. 제가 사람을 대하는 방식에 문제가 많다는 것을 깨달았기 때문입니다. 가만히 생각해보니 '전체로서' '있는 그대로' 대하고 사랑하는 일을 그리 잘 하지 못했던 것 같습니다. 저 자신에게도, 가족에게도, 친구에게도, 교우에게도, 부분으로 대한 적이 더 많았던 것 같습니다. 그러니 저도 다른 사람들에게 부분으로만 인정받고 사랑받았을 것입니다. 이는 비단 저만의 문제가 아닌 듯합니다. 서로 겉모습으로 판단하고 부분으로만 대하고 산다는 점에서 우리 모두는 거의 예외가 없는 듯합니다.

하여 참된 사랑이신 하나님, 우리의 중심을 보시며 우리를 부분으로가 아니라 전체로 대하시고, 우리 속에 있는 모든 사람을 사랑해주시며, 있는 그대로 사랑해주시는 하나님 앞에 머리 숙여 은혜를 구합니다. 우리 모두를 불쌍히 여기시고 우리의 눈을 열어주시기를! 나 자신을 진실로 사랑하게 하시기를! 가장 가까운 가족부터, 누구를 대하든 그 내면을 볼 수 있게 해주시기를! 그리하여 그 사람 전체를 보고 전체를 사랑할 수 있는 능력을 얻게 하시기를!

세 번째 이야기를 마치면서
다음과 같은 질문을 통해 우리 자신을 돌아보면 좋겠습니다.
"나는 나 자신을 제대로 보고 있는가?
나는 나 자신을 전체로서 사랑하고 있는가?"
"나는 내 가족을 사랑했는가?
그 사람의 내면을 보고 그 안에 있는 여러 가지
가능성들을 인정하고 살펴주었는가?"
"나는 타인을 볼 때 있는 그대로 대하고 존중해주는가?
중심을 보시는 하나님을 따라 사람의 내면을 보려는 노력을 해왔는가?"
이 질문들이 여러분을 더 깊은 성찰과 묵상과
기도로 인도하기를 바랍니다.
이 글을 준비하고 쓰면서 제 안에서 활동하신 성령께서
여러분의 마음 안에도 역사하시기를 기도합니다.

용서할 때 우리는 우리가 풀어준 포로가
바로 우리 자신이었음을 비로소 깨닫게 됩니다.

용서가 길이다

"나 이제 갈라요"

미운 사람들

《엄마를 부탁해》에 나오는 인물 중 미운 사람이 둘 있습니다. 주인 공인 박소녀를 동정하면 할수록 이 두 사람이 더 미워집니다. 한 사람은 박소녀의 남편이고, 다른 한 사람은 시누이입니다.

박소녀의 남편은 결혼하고 50년 넘는 세월 동안, 집안일을 모두 아내에게 맡겨놓고 밖으로 떠돌다가 제사 때가 되면 잠시 돌아오곤 했습니다. 자식 다섯을 낳는 동안 남편은 늘 밖에 있었고, 뱃속에서 죽어나온 아이를 묻어준 것도 남편이 아니었습니다. 한번은 오랜 가출 끝에 집에 돌아오면서 '분 냄새가 진한 여자'를 데리고 들어오기도

했습니다.

 남편으로서의 책임을 회피하여 힘없는 아내를 견디기 힘든 고통 가운데 빠지게 한 일이 한두 번이 아니었습니다. 나이 어린 동생 균의 경우가 특히 그랬습니다. 초등학교를 졸업한 균이 중학교에 가고 싶어 했지만, 가난에 찌든 가족들은 그의 간절한 바람에도 냉담했습니다. 집안에서 유일하게 그를 지지해준 사람은 형수 박소녀뿐이었습니다. 하지만 한 사람의 힘으로는 어찌할 수 없었습니다. 진학을 포기한 균은 집에서 형수의 일을 거들며 시간을 보냅니다. 몇 년이 지나 균은 돈을 벌어 오겠다고 집을 나갔다가 얼마 지나지 않아 돌아옵니다. 무슨 일이 있었는지 균은 전혀 딴 사람이 되어버렸고, 얼마 후에는 농약을 먹고 스스로 목숨을 끊고 말았습니다.

 맨 먼저 균을 발견한 박소녀가 경찰서에 수차례 불려가 조사를 받았습니다. 동네에는 해괴한 소문이 퍼졌습니다. 박소녀가 시동생 균에게 농약을 먹였다는 소문이었습니다. 시누이는 동생을 잃은 분을 올케에게 쏟아 부으며 "동생 잡아먹은 년!"이라고 소리소리 질렀습니다. 아내가 말도 되지 않는 혐의를 뒤집어썼음을 알면서도 남편은 모른 체 했습니다. 그 모든 고통을 아내 홀로 짊어지게 내버려두었습니다. 아내를 잃고서야 후회하며 이렇게 말합니다.

불쌍한 사람. 당신은 이제야 당신이 얼마나 비겁했는지를 깨닫는다. 당신의 아내에게 그 상처를 죄다 떠넘기고 살아왔다는 생각이 이제야 든다. 위로를 받아야 할 사람은 아내였건만 함구해 버림으로써 아내를 오히려 궁지에 몰아넣었다는 것도. _188쪽

그렇게 안에서는 비겁하고 바깥에서는 호탕하던 그가 늙고 힘없어지자 집으로 찾아들었습니다. 그러나 그런 뒤에도 아내에게는 여전히 무심한 태도로 일관합니다. 장에 탈이 나 며칠씩 곡기를 끊고 누워 있어도 물 한 대접 가져다준 일이 없습니다. 시시때때로 극심한

두통에 시달리며 몸져누워도 마음을 기울여 살펴준 일이 없습니다. 어딜 함께 갈 때면 늘 몇 걸음 앞서 갔습니다. 뒤따라오는 아내가 힘들어 "좀 천천히 가면 좋겠네, 함께 가면 좋겠네… 무슨 급한 일 있소?"라고 해도, 그는 늘 그렇게 앞서 걸었습니다. 그리고 무심한 그 습관 때문에 결국 아내를 잃어버리고 말았습니다.

박소녀의 시누이는 한술 더 뜹니다. 그녀는 젊은 나이에 혼자되어 동생 집 근처에 삽니다. 출가했으나 여전히 친정 가까이서 한 식구처럼 살아갑니다. 새벽녘에 눈을 뜨면 매일같이 동생 집을 한 바퀴 돌고 가는 것이 사십 년을 이어온 그녀의 습관이었습니다. 그녀는 박소녀에게 시누이가 아니라 시어머니였다는 걸 모르는 사람이 없을 정도로, 칭찬은 없고 핀잔과 박대로 일관했습니다.

박소녀가 시집와서 이태 동안 아이가 들어서지 않자 매우 심하게 타박하더니, 정작 첫 아이를 낳고 온 가족이 좋아하자 "남들이 안하는 일을 했나?"라면서 찬물을 끼었습니다. 남편도 없이 둘째 아이를 낳았을 때는 추운 겨울이었는데, 미처 땔감도 준비를 못한 상황이었습니다. 형수를 끔찍이 여기던 균이 결국 오래된 살구나무를 베어 장작을 패고 불을 지폈습니다. 뒤늦게 이 사실을 안 시누이는 박소녀가 누워 있는 방문을 발칵 열고 집 안의 나무를 함부로 베면 사람이 죽어나간다는데 어찌 이런 일을 벌였느냐고 역정을 냅니다.

어느 해인가 박소녀가 해산을 하고 나서 몸 상태가 매우 좋지 않았습니다. 계속 설사를 하는 통에 거의 탈진 상태가 되었습니다. 그때도 남편은 팔도를 떠돌아다니다가 해산을 한 후에 집에 돌아왔는데, 제 눈에도 아내의 상태가 심상치 않아 보였는지 누나에게 돈을 내어주면서 약을 좀 지어다 먹이라고 부탁했습니다. 시누이는 그 돈으로 한약 세 첩을 지어다 먹였습니다. 어느 정도 차도가 있자 조금 더 달여 먹이자고 했지만 시누이가 반대했습니다. 그로 인해 박소녀는 평생 간헐적인 장탈로 고생을 합니다. 그녀가 한번은 남편에게 이렇게 넋두리를 합니다.

그때 한약을 두첩만 더 먹었시믄 좋겄더만… 무심헌 당신조차두 산모니께 깨끗이 나아야 쓴게 두어첩 더 지어다 먹이라고 했건만 애덜 고모가 그 쌩한 얼굴로 무신 약을 더 먹는다냐! 이만하면 됐담서 안 지어다주었소… 그때 그거 두첩만 더 먹었시믄 이런 고생은 안할 것인디. _173쪽

위험에 빠진 가정

가정 안에서 어느 정도의 상처를 주고받는 것은 피할 수 없는 일이며, 어찌 보면 자연스러운 일이라 할 수 있습니다. 가정이 가정일 수 있는 것은 그 같은 상처와 아픔을 치유하고도 남을 만한 사랑이 있기 때문입니다. 넉넉하고 진한 사랑 안에서 사소한 상처와 아픔을 극복해가면서 성장하고 성숙하고 깊어지는 것입니다. 그렇게 성상할 내 더 큰 상처와 아픔이 기다리고 있는 사회에 나가 일할 수 있습니다. 하지만 가정 안에서 주고받는 사랑은 약하고 얕은 데 비해 상처와 아

폼은 강하고 깊을 때, 문제가 생깁니다.

가장 가까이에서 서로 사랑해야 할 가족이 때로는 야속할 정도로 무심할 수도 있고, 철저하게 이기적일 수도 있고, 때로는 아주 잔인해질 수도 있습니다. 그렇기 때문에 종종 우리는 가장 깊은 상처를 가족에게서 받습니다. 우리 마음에 담겨 있는 분노 중에서 가장 강하고 뿌리 깊은 분노가 가족에 대한 분노인 경우도 많습니다. 가장 증오하는 원수가 다름 아닌 가족 구성원인 경우도 적지 않습니다.

박소녀가 살아온 세대는 모든 것이 열악한 형편이라 이 같이 가족들끼리 상처를 주고받는 일이 많았다 할 수 있습니다. 다들 어느 정도는 포기하고 살아야 했고, 어느 정도는 좌절을 경험해야 했습니다. 다들 어느 정도는 희생해야 했습니다. 가족 구성원 모두 기꺼이 그것을 감내할 경우에는 가난 속에서도 화목한 가정을 이뤘지만, 누구 하나라도 "나는 그렇게 못 해!"라고 외치는 순간 불화에 휩싸였습니다.

지금 우리는 박소녀의 세대와는 상당히 다른 상황에서 살고 있습니

다. 경제적으로 많이 풍족해졌고 사람들의 의식도 많이 변했습니다. 자신이 원하기만 하면 어느 정도까지는 꿈을 실현할 수 있습니다. 과거보다 희생의 필요성도 적어졌고 좌절할 이유도 적어졌습니다. 그렇다면 가정의 불화가 훨씬 더 적어져야 마땅하고, 가정에서 상처를 주고받는 일이 훨씬 줄었어야 마땅합니다. 하지만 실상은 정반대입니다. 박소녀가 살던 시대보다 가정 내에서 주고받는 상처는 더 깊어졌고 분노는 더 강해졌습니다. 반면 가정에서 나누는 사랑은 과거에 비해 훨씬 얕고 얇고 약해졌습니다.

왜 그럴까요? 삶이 너무 바빠졌다는 데 문제가 있기도 하고, 욕심이 너무 커졌다는 데 문제가 있기도 합니다. 또한 전 세대보다 내면적으로 훨씬 약하다는 데도 문제가 있는 듯합니다. 제가 자랄 때만 해도 가정에서 경험하는 웬만한 구박과 욕설과 체벌은 오히려 우리를 강하게 만들었습니다. 하지만 지금은 자그마한 상처에도 깨지기 십상입니다. 무엇이 우리 자녀들을 이렇게 약하게 만들었는지 모르겠습니다. 체질이 서구화되면서 체격은 우리보다 훨씬 커졌지만, 체력과 심력은 훨씬 약해졌습니다.

그 결과 우리 시대에는 가정의 문제가 더 심각해졌습니다. 각자가 치유되지 않은 상처와 축적된 분노를 품고 살아갑니다. 모두 자신이 피해자라고만 생각합니다. 그 분노가 언제 누구에게 터질지 모릅니다. 가정에서 주고받은 상처로 말미암아 가슴에 시한폭탄을 하나씩 품고 살아가는 형국입니다. 그 폭탄이 때로는 가정에서 터지고, 때로는 밖에서 터집니다. 일단 터지고 나면 대형 사고가 됩니다. 미국의 경우 슬럼가에서만 일어나던 총격 사건이 이제는 학교와 교회에서까지 빈번하게 일어나고 있습니다.

그러므로 박소녀의 시누이를 보면서 옛날이나 일어날 수 있는 이야기로 생각하면 안 됩니다. 방법이 달라서 그렇지, 그 시누이처럼 가까운 가족에게 악의적으로 상처를 주는 사람들이 오늘날 더 많아졌습니다. 박소녀의 남편 이야기를 들으면서 옛날이나 가능한 이야기라고 생각해서는 안 됩니다. 박소녀의 남편처럼 자기만 생각하면서 무책임하고 무심하게 행동하여 가까운 사람들을 힘들게 하는 이가 과거보다 훨씬 더 많아졌습니다. 상황이 이러하니 가정 안에서 서로 용서를 구하고 용서하는 일이 예전보다 훨씬 더 중요한 일이 되었습니다.

미 / 고 / 사 를 노 래 하 며

용서는 두 사람 이상의 관계에서 일어나는 일입니다. 용서가 이뤄지려면, 용서를 '구하는' 사람이 있어야 하고 용서를 '하는' 사람이 있어야 합니다. 용서를 구하는 것과 용서를 하는 것은 각각 독특한 역학dynamics을 가지고 있습니다. 따라서 용서에 대해 제대로 이해하려면 이 두 가지를 나누어 생각해야 합니다.

먼저, 용서를 구하고 용서를 받는 일에 대해 생각해봅시다. 내가 다른 사람에게 상처를 주었던 경우를 생각해보자는 말입니다.

인간에게 가장 어려운 일은 자신의 잘못을 알아차리고 그것을 시인하고 용서를 구하는 일입니다. 그것을 죽기보다 싫어하는 사람들이 많습니다. 그렇게 하는 것이 약해 보인다고 생각하는 탓일 수도 있고, 지는 것처럼 느껴지기 때문일 수도 있습니다. 그러나 사랑하는 가족을 생각하면서 '이기고 지는 것'을 따진다면 그는 이미 사랑을 떠났다고 할 수 있습니다. 한 사람의 마음에 생긴 상처를 치유하고 회복하고 마음에 쌓인 분노를 푸는 길은 진실하게 용서를 비는 것밖에 없습니다. 또한 용서를 구하는 행동은 용서를 구하는 사람 자신에게도 말할 수 없는 자유와 기쁨을 안겨줍니다.

우리는 모두 용서를 받아줄 사람이 언제까지나 내 곁에 있어주지는 않는다는 사실을 기억해야 합니다. 자일피일 미루나 때를 놓쳐버리면 돌이킬 수 없습니다. 아내를 잃어버리고 혼자 시골집에 있는 동생을 챙기러 온 박소녀의 시누이가 말합니다. "내가 죽기 전에 한번은

말을 하고자 했었는디… 사람이 없으니 얻다 대고 말을 하누." 이런
말도 합니다.

내가 살먼 인자 얼마나 더 살겄능가. (…) 내 죽기 전에 형철 에미한티 세
가지는 미안허다고 말하고 가렸는디. 균이 일이랑… 살구나무 베었다고
지랄떤 일이랑… 장탈 났을 때 그때그때 약 더 못 지어준 거랑… _180~181쪽

박소녀의 남편도 그렇습니다. 그는 아내를 잃고 나서야 그동안 아
내에게 얼마나 무심했는지를 절감합니다. 텅 빈 시골집에 홀로 누워
있으려니 무심하고 야속하게 행동했던 일들이 하나하나 떠오릅니다.
진작 사과했어야 했는데 그러지 못했던 일들입니다. 그는 서울에 사
는 큰딸과 전화 통화를 하면서 이렇게 말합니다.

말이란 게 다 할 때가 있는 법인디… 나는 평생 니 엄마한테 말을 안하거

나 할 때를 놓치거나 알아주겠거니 하며 살았고나. 인자는 무슨 말이든 다 할 수 있을 것 같은디 들을 사람이 없구나." _198쪽

　이 대목을 읽으며, '용서를 구할 줄 모르는 사람으로 살지 말아야지' 하고 새삼 다짐을 했습니다. 그렇지 않습니까? 자신의 잘못에 눈 먼 사람이 되지 말아야 합니다. 용서받지 못한 심령으로 살아서는 안 됩니다. 혹 알지 못하는 사이에 사랑하는 사람들에게 상처를 입히지 않았는지 늘 반성하며 살아야겠습니다. 하나님 앞에 나아가 혹시나 부지중에 다른 사람에게 상처를 준 일이 없는지 알게 해달라고 자주 기도해야겠습니다. 너무 늦기 전에, 나를 용서해줄 사람이 떠나기 전에, 용서를 구하고 용서 받으며 살아야겠습니다. 박소녀의 남편처럼 나를 용서해줄 사람이 언제고 있어줄 거라고, 알아주겠거니 괜찮겠거니 생각하지 말아야 합니다.

　그렇습니다. 아직 기회 있을 때, 아직 그 사람이 옆에 있을 때, 그

사람의 마음이 굳게 닫히기 전에 "미안하다!"고, "고맙다!"고, "사랑한다!"고 말합시다. 잘못한 것이 하나도 없는 것 같아도 보험 드는 셈 치고 "여보, 미안해!"라고, "얘들아, 미안하다!"라고 말하며 삽시다. 작은 일이든 큰일이든, 그 일에 대한 내 책임이 커 보이든 작아 보이든, "여보, 내가 미안해!"라고, "얘들아, 내가 미안하다!"라고 말하는 데 인색하지 맙시다. 사과는 사람들과 어울려 세상을 살아가는 윤활유와 같은 것입니다.

용서보다 더 어려운 것

이번에는 용서하는 것에 대해 생각해보겠습니다. 내가 상처를 입은 경우를 생각해보자는 말입니다. 이 문제에 대해서는 좀 더 많은 이야기가 필요합니다.

가장 가까운 사람에게서 받는 상처가 가장 아픈 법입니다. 어느 정도까지는, 사랑하는 것은 상처를 견디는 것이라 할 수 있습니다. 상처 받을 각오를 하지 않으면 사랑할 수 없습니다. 하지만 지나칠 때가 있습니다. 그럴 때 분노가 일어납니다. 앙심도 생깁니다. 때로는 원한이 맺힐 수도 있습니다. 인간의 타락한 본성은 미움과 앙심과 원한을 즐기려는 경향이 있습니다. 그래서 '용서하기'가 '용서를 구하기'보다 더 어려운 것입니다. 필립 얀시는 《놀라운 하나님의 은혜》라는 책에서 '용서해줄까?' 하고 생각하는 순간 이런 생각들이 우리 마음을 휘젓는다고 말합니다.

저 사람은 뭔가 배워야 해. 무책임한 행동을 조장하고 싶진 않아. 한동안 속 좀 끓게 내버려둬. 그게 본인한테도 이로울 거야. 행동에는 결과가 따른다는 걸 배워야 해. 잘못한 건 저쪽이야. 내가 먼저 나설 일이 아니지, 잘못한 줄도 모르는 사람을 어떻게 용서해?

이런 생각이 우리의 마음을 다시 차갑게 만들고, 마음의 문을 걸어 잠그게 합니다. 그렇게 함으로써 그 사람에게 응분의 대가를 치르게 할 수 있다고 착각하는 것입니다. 하지만 미움과 앙심과 원한을 품음으로써 우리가 징벌하는 사람은 나에게 상처를 준 그 사람이 아니라 바로 나 자신임을 잊지 말아야 합니다. 용서를 할 때 가장 큰 덕을 입는 사람은 바로 용서하는 사람 자신입니다. 풀러 신학교 교수 루이스 스미디즈의 말이 생각납니다. "진실한 용서는 포로에게 자유를 준다. 그러고 나면 자기가 풀어준 포로가 바로 자신이었음을 깨닫게 된다." 이는 용서해본 사람만이 할 수 있는 말이며, 용서해본 사람만이 동의할 수 있는 말입니다.

때로 나는 용서하려는데 용서받을 사람이 냉담한 경우도 있습니다. 그럴 때에도 여전히 용서가 필요한 이유는 용서가 우선적으로 나 자신을 위한 것이기 때문입니다. 용서는 우선 나 자신을 과거의 상처로부터 해방시키는 일입니다. 필립 얀시는 "용서보다 어려운 게 딱 하나 있는데 바로 용서하지 않는 것"이라고 했습니다. 맞는 말입니다. 용서하는 순간은 어렵지만, 용서하고 난 다음에는 얼마나 기쁜지 모릅니다. 용서하지 않는 것은 쉽지만, 용서하지 않은 채 미움과 원한을 품고 살아가는 일은 매우 힘이 듭니다.

예일 대학교에서 조직신학을 가르치는 미로슬라브 볼프 교수는 《베풂과 용서》라는 책에서 친구 이야기를 하나 들려줍니다.

에스더는 아홉 살 때 알코올 중독자인 어머니로부터 버림받았습니다. 집을 나간 어머니는 딸에게 아무런 연락도 하지 않고 살았습니다. 청소년기를 지나며 에스더는 어머니에 대한 증오심을 키워갔습니다. 하지만 20대 중반이 넘어가면서 어머니에 대한 마음에 변화가 생겼습니다. 이제는 자신이 어머니를 찾아 관계를 다시 회복해야겠다고 생각했습니다. 수소문 끝에 17년 만에 리틀 아이오와에 사는 어머니를 찾아갔습니다. 처음에는 서먹했던 두 사람은 곧 친해졌고, 같은 동네에 사는 어머니의 친구들을 찾아다니며 인사를 했습니다.

저녁을 먹고 나서 두 사람은 마주 앉았습니다. 에스더가 먼저 입을 열어 그동안 살아온 이야기를 풀어놓았습니다. 어머니 없이 자라면서 원망과 미움이 컸다는 사실도 고백했습니다. 그리고 이렇게 늦게야 어머니를 찾은 것에 대해 용서를 구했습니다. 한때 어머니를 절대로 용서하지 않겠다고 다짐도 했었지만 이제는 어머니를 용서한다고 말했습니다. 두 사람은 한없이 눈물을 흘렸습니다. 한참 후, 에스더는 자신을 용서해달라고 어머니에게 청했습니다. 하지만 어머니는 소파에 깊숙이 들어앉아 고개를 숙이고 아무 말도 하지 않았습니다.

에스더는 천천히 의자에서 일어나 어머니의 발치로 가서 앉았습니다. 그리고 엄마의 손을 잡고 자신이 진심으로 어머니를 용서했고 지금은 사랑하고 있다는 사실을 확인시켜주었습니다. 그러자 어머니는 "아, 에스더, 미안하구나. 정말 미안하구나. 정말 미안해"라고 거듭 말했습니다. 그때 에스더는 깨달았습니다. 스스로 직면할 수조차 없을 만큼, 스스로 털어놓을 수조차 없을 만큼, 어머니의 수치심과 죄책감이 크고 추하고 고통스러웠다는 것을 말입니다. 어머니가 딸에게 용서한다고 말할 수 없었던 것은 자기가 버렸던 아이에게 사랑받고 용서받는 일을 감히 상상도 할 수 없었기 때문이었습니다. 마침내 어머니는 딸아이의 사랑이 진실인 것을 알고 그 사랑 앞에 무너져 한참을 울었습니다. 그날 저녁, 두 사람에게는 놀라운 치유가 일어났습니다.

알고 보면

어떻게 하면 이처럼 아름답고 감동적인 용서를 실천할 수 있을까요? 저는 적어도 두 가지 용서의 비결을 알고 있습니다. 오해는 하지 마십시오. 그렇다고 제가 '용서의 달인'이라는 말은 아닙니다. 저도 용서하는 걸 어려워하는 죄인들 중 하나입니다. 그래서 이 문제를 붙들고 많이 씨름했습니다. 그 과정에서 배운 것입니다. 때때로 용서하기가 너무 어려울 때에는 이 비결을 기억하면서 용서하려고 노력하곤 합니다.

첫째는 《인생 수업》의 저자요 호스피스 운동의 창시자인 엘리자베스 퀴블러 로스에게 배운 것입니다. 그는 용서의 첫 단계가 "나에게 상처를 준 사람들을 다시 인간으로 바라보는 것"이라고 말합니다. 나에게 상처를 준 사람이 '나와 같은' 인간이라는 사실을 생각하면 그 사람의 실수를 제대로 볼 수 있는 여유가 생깁니다. 다른 사람에게 상처를 줄 수밖에 없는 깊은 상처가 그 사람 내면에 숨어 있을지도 모른다는 생각을 하게 됩니다. 이상 행동은 이상 심리에서 나오고, 이상 심리는 그 사람이 과거에 받은 심한 상처 때문에 생기는 경우가 많습니다. 그것을 알고 나면 그 사람을 이해할 수 있게 됩니다.

박소녀의 시누이가 그러했습니다. 그는 참 못된 사람입니다. 특별히 올케인 박소녀에게 평생 못되게 굴었습니다. 하지만 그 시누이가 살아온 삶의 이력을 살펴보면, 그녀의 이상 심리를 이해할 수 있습니다. 그녀는 어려서 오빠 둘을 한꺼번에 잃고 부모마저 이틀 간격으로 잃었습니다. 결혼 후 남동생 집 근처에 살림을 차렸으나 집에 불이 나서 남편이 타 죽는 것을 지켜보아야 했습니다. 박소녀의 남편은 말합니다. "그 상처가 누님에겐 뿌리깊이 박혀 고목이 되어 있었다. 그것은 누구도 베어낼 수 없는 고목이었다." 어떤 점에서 보면 그 시누이도 환자라고 할 수 있습니다. 이런 사정을 알고서야 어찌 그를 미워할 수 있겠습니까?

노동 운동가로 유명한 전태일의 어머니 이소선 여사가 자신의 어머니에 대한 이야기를 한 적이 있습니다. 자신이 네 살 되던 해에 아버지가 일본에 저항했다는 이유로 일본 순사에게 잡혀가 죽임을 당했습니다. 그로부터 얼마 지나지 않아 어머니가 스무 살도 더 많은 남자를 만나 재가를 했습니다. 그때 이소선 여사는 아버지를 일본 순사에게 빼앗겼듯이 어머니를 할아버지 같은 사람에게 빼앗겼다는 상실감에 어머니를 매우 미워했습니다. 새아버지에게 아버지라고 부르지 않고 어머니 속을 무진장 썩였습니다.

　그런데 나중에 알고 보니 미워할 일이 아니었습니다. 죽은 아버지 일로 일본인들의 감시와 박해가 이어지자 어머니는 남은 아들이 걱정되었습니다. 반역자의 아들로 이 땅에서 살기는 어렵겠다는 생각이 들었습니다. 그래서 아들을 일본에 있는 외삼촌 집에 보내고 싶었습니다. 하지만 가난한 살림에 여비를 마련할 수가 없었습니다. 마침 그때 혼처가 나타났습니다. 어머니는 아들을 일본행 밀항선에 태워 주는 조건으로 할아버지 같은 사람에게 다시 시집을 갔던 것입니다. 어린 이소선으로서는 이런 사정을 알 길이 없었습니다. 그래서 늘 엄마를 원망하고 미워했는데 나중에 전후 사정을 알게 되었습니다. 사실을 알게 되었을 때, 이소선 여사는 얼마나 죄스러웠겠습니까?

　알고 보면 다 이유가 있습니다. 이유를 알고 나면 용서할 수 있고, 또 사랑할 수 있습니다. 이제는 고인이 된 영문학자 장영희 교수의 글에 재미있는 수식이 소개되어 있습니다. '5-3=2' 라는 수식입니다.

오해(5)에서 세 발짝(3)만 떨어지면 이해(2)가 된다는 뜻이랍니다. 또 다른 수식도 있습니다. '2+2=4'라는 수식입니다. 이해(2)에 이해(2)를 더하면 사랑(4)이 된다는 뜻이랍니다. 어떤 사람이 나에게 심한 상처를 주었을 때, 세 발짝만 물러나 보면 이해될 때가 많습니다. 그렇게 이해에 이해를 거듭하면 그 사람을 용서할 수도 있고 사랑할 수도 있습니다.

네가 받은 용서를 기억하라

둘째는 하나님에게서 받은 용서를 기억하는 것입니다. 이것이 또 하나의 비결입니다. 그리고 이는 예수 그리스도를 통해 하나님의 용서를 경험해본 사람만이 누릴 수 있는 특권입니다.

어느 날 베드로가 예수님께 묻습니다. "주여 형제가 내게 죄를 범하면 몇 번이나 용서하여 주리이까 일곱 번까지 하오리이까"(마

18:21). 예수님 당시 경건하기로 소문난 바리새인들은 세 번까지 용서하면 하나님의 나라에 가깝다고 가르쳤습니다. 베드로는 바리새인들이 제시한 기준에 2를 곱하고 거기에 하나를 더하여 완전수 일곱을 만들었습니다. 한 사람의 잘못을 일곱 번 용서해준다면 예수님이 칭찬할 것이라 기대했습니다. 그러자 예수님께서 대답하십니다. "일곱 번뿐 아니라 일곱 번을 일흔 번까지라도 할지니라"(마 18:22). 한 사람이 나에게 동일한 잘못을 490번 저지르더라도 490번 모두 용서하라는 말입니다. 다시 말하면 끝없이 용서하라는 뜻입니다.

저는 저 자신에게 질문해보았습니다. "나에게 490번 정도 지속적으로 상처를 줄 수 있는 사람이 누구일까?" 나와 오래도록 함께 사는 사람, 즉 거듭거듭 내 인내심을 테스트하는 자녀들 혹은 배우자 혹은 부모 외에는 이렇게 많은 잘못을 할 사람이 없습니다. 그렇다면 이 비유는 가장 먼저 가족 관계 안에 적용되어야 할 것입니다. 나에게 가장 많은 상처를 주는 가족을 용서할 수 있다면, 가끔 상처를 주는 다른 사람을 용서하기는 훨씬 쉬울 테니 말입니다.

하지만 어떻게 해야 '끝없이' 용서할 수 있을까요? 예수님은 하나의 비유를 사용하여 답을 주십니다. 어떤 사람이 왕에게 당시 로마화폐로 일만 달란트를 빚졌습니다. 한 달란트가 지금의 화폐로 얼마인지를 계산하는 방법은 여러 가지입니다. '표준새번역'은 한 달란트가 당시 성인 노동자의 15년 품삯이라고 주를 달아놓았습니다. 이 기준을 따라 일만 달란트가 얼마인지 셈해보겠습니다. 2008년 통계에 의하면 한국 대기업 남자 사원의 평균 연봉이 5,600만 원 정도라고 합니다. 5,000만 원만 잡아도 한 달란트는 7억 5,000만 원입니다. 그러니 일만 달란트는 7조 5,000억 원이라는 어마어마한 돈입니다.

왕은 그 종에게 가족을 노예로 팔고 전 재산을 팔아서라도 빚을 갚으라고 다그칩니다. 그러나 그래봐야 한 달란트도 만들어내지 못할 것입니다. 왕은 자기의 돈을 받지 못할 것을 알고 그 종의 인생을 망가뜨려서라도 응분의 벌을 받게 하려 했습니다. 그러자 종은 왕 앞에 무릎을 꿇고 사정합니다. 제발 살려달라고 간청합니다. 그 모습을 본 왕에게 동정심이 생겼습니다. 그래서 왕은 많은 빚을 탕감해주고 자유하게 해주었습니다. 종은 그 사실이 믿기지 않았을 것입니다. 그는 수없이 왕에게 절을 하면서 감사를 드렸을 것입니다. 왕의 눈을 벗어나자마자 그는 덩실덩실 춤을 추면서 집으로 돌아갑니다.

그렇게 좋아하면서 가던 길에 그는 얼마 전에 자기에게 일백 데나리온을 빚진 사람과 우연히 마주칩니다. 한 데나리온은 성인 남성 노동자의 하루 품삯이므로, 하루 10만 원으로 계산하면 약 1,000만 원 정도의 돈입니다. 그런데 그 사람은 자신에게 빚진 자의 멱살을 잡고 당장 빚을 갚으라고 다그칩니다. 아마도 돈을 갚아야 할 날이 지났었나 봅니다. 그러자 그 사람이 사정합니다. 조금만 기다려주면 다 갚겠다고 말입니다. 사실 그 정도는 얼마간의 시간만 주면 능히 갚을 수 있는 금액입니다. 그런데도 그는 그 작은 빚을 이유로 자신에게 빚진 사람을 고소하여 감옥에 처넣었습니다.

그런데 이 소식을 나중에 왕이 듣습니다. 그 종의 처사에 분노한 왕은 그를 다시 불러들여 이렇게 말합니다. "악한 종아 네가 빌기에 내가 네 빚을 전부 탕감하여 주었거늘 내가 너를 불쌍히 여김과 같이 너도 네 동료를 불쌍히 여김이 마땅하지 아니하냐"(마 18:32-33). 그리고는 그 종이 빚진 것을 다 갚을 때까지 옥에 가두어두게 했습니다.

그게 바로 당신이오!

여러분은 이 종을 어떻게 생각하십니까? 아마도 그 사람을 비난하지 않을 사람은 없을 것입니다. '배은망덕한 사람'으로, '호의를 악의로 삶는 사람'으로, '조금도 동정할 가치가 없는 사람'으로, '벌을 받아 마땅한 사람'으로 여길 것입니다.

그런데 우리가 이런 생각을 하는 동안 예수님은 우리를 향해 말씀하십니다. "그게 바로 당신이오! 당신에게 상처를 준 사람을 용서하

지 못하는 당신이 바로 그 배은망덕하고 호의를 악의로 갚는, 조금도 동정할 가치가 없는, 벌 받아 마땅한 사람이오! 하나님이 어떻게 당신을 용서하셨는지를 기억하시오! 그 용서를 기억한다면, 당신에게 상처를 준 사람에게 어떻게 해야 할지 생각해보시오! 당신이 계속해서 완악하게 행동한다면, 하나님은 이미 베푸신 용서를 철회하실지도 모르오!"

가족이 혹은 이웃이 나에게 준 상처는 기껏해야 1,000만 원 정도입니다. 하지만 내가 하나님께 드린 상처는 7조 5,000억 원이나 됩니다. 나에게 490번이나 끊임없이 상처를 줄 사람은 가족 중에도 별로 없지만, 나는 하나님께 49만 번도 넘게 상처를 드렸습니다. 그렇게 많고 큰 죄를 하나님께서 용서해주셨습니다. 내가 받을 영벌을 대신해 십자가를 지셨고, 나의 죄책을 벗겨주셨습니다. 나를 용서하기 위해 하나님은 엄청난 손해를 보셨습니다. 그리고 나의 죄를 기억조차 하지 않는다고 약속하셨습니다. 그런데 나는 나에게 손해를 입히고 상처 준 사람에게 어떻게 하고 있습니까?

혹시 이렇게 말하고 싶을지 모르겠습니다. "내가 무슨 죄를 지었다고 그러십니까? 나는 하나님께 진 빚이 별로 없습니다!" 이렇게 생각하는 사람이 있다면, 그가 아직 하나님을 대면하지 않았기 때문입니다. 거룩하고 진실하며 순결한 하나님 앞에 서기 전까지 우리는 자신의 죄성을 온전히 자각할 수 없습니다. 하나님을 떠나 살다보면, 나도 꽤 괜찮은 사람이라는 착각에 빠집니다. 하지만 하나님을 인식하고 하나님과 대면하게 되면, 우리 자신의 죄성에 눈을 뜹니다. 진실하게 하나님을 대면한 사람들이 첫 대면의 순간에 느끼는 감정은 늘 동일합니다. "아, 난 죽었구나! 죽을 수밖에 없구나!" 그런 다음 이렇게 묻습니다. "그래도 혹시 살 길은 없을까?"

살 길은 예수 그리스도의 십자가에 있습니다. 죽을 수밖에 없는 죄인으로서 거룩하신 하나님 앞에 서서 살아남을 수 있는 길은 예수 그리스도의 십자가의 공로에 의지하는 길밖에 없습니다. 죄가 좋아 죄

를 탐하며 죄 속에 살다가, 하나님을 마주하고 나서 죄로 인해 죽을 것 같으니까 예수 그리스도를 찾는다는 것이 참으로 뻔뻔한 일 같지만 우리가 사는 길은 그 길밖에 없습니다. 모든 자존심을 내려놓고 낮아지고 약해져서 하나님의 용서를 구하느니 차라리 죄 속에서 죽는 쪽을 택할 수도 있습니다. 하지만 그것은 용기도 아니고 만용도 아닙니다. 이 세상 모든 어리석은 짓 중에 가장 어리석은 짓입니다. 우리는 우리의 죄성을 깨닫는 순간 예수 그리스도의 십자가를 바라보고, 그 공로를 힘입어 하나님의 용서를 받아야 합니다. 그것만이 살 길입니다.

아직 기회가 있을 때

그러므로 진실한 용서를 실천하기 원한다면, 먼저 거룩하신 하나님 앞에 겸손히 서야 합니다. 그분 앞에서 우리가 얼마나 큰 죄인인지를 깨달아야 합니다. 하나님께 얼마나 자주, 얼마나 많은 아픔을 드렸는지 생각해보아야 합니다. 그리고 예수 그리스도의 십자가 은혜 안에서 하나님의 용서를 구해야 합니다. 용서하시는 은혜 안에 거해야 합니다. 나를 용서하기 위해 하나님이 얼마나 큰 손해를 보셨는지 묵상해볼 필요가 있습니다. 그렇게 그분의 용서와 사랑 안에 거하면, 비로소 우리에게 손해와 상처를 입힌 사람들을 용서할 수 있는 능력을 얻을 것입니다.

그 같은 능력을 힘입어 용서를 구하는 일에 민첩해집시다. 조금이라도 잘못한 일이 생각나거든 지체하지 말고 용서를 구하십시오. 예수께서 말씀하셨습니다. "그러므로 예물을 제단에 드리려다가 거기서 네 형제에게 원망들을 만한 일이 있는 것이 생각나거든 예물을 제단 앞에 두고 먼저 가서 형제와 화목하고 그 후에 와서 예물을 드리라"(마 5:23-24). 이 말씀을 생각하고 용서하는 일에도 용기를 내야 합니다.

나를 용서해줄 사람 혹은 내가 용서해야 할 사람이 이미 세상을 떠나서 어쩔 수 없다고 생각하는 경우도 있을 것입니다. 박소녀의 남편과 시누이처럼 말입니다. 그러므로 할 수 있으면 너무 늦기 전에 용서를 구하고, 늦기 전에 용서해야 합니다. 하지만 기회를 놓쳤다 해도 방법이 영 없는 것은 아닙니다. 우리에게는 하나님이 계시기 때문입니다. 우리가 다른 사람에게 주는 상처는 가장 먼저 하나님께 아픔을 줍니다. 그래서 다윗은 충성스러운 장군 우리야와 그의 아내 밧세바에게 죄를 지었을 때, 이렇게 기도했습니다.

　무릇 나는 내 죄과를 아오니 내 죄가 항상 내 앞에 있나이다. 내가 주께만 범죄하여 주의 목전에 악을 행하였사오니 주께서 말씀하실 때에 의로우시다 하고 주께서 심판하실 때에 순전하시다 하리이다. _시 51:3-4

　여기에서 '주께만' 이라는 표현은 수사적인 표현입니다. 다른 사람에게는 죄를 짓지 않았다는 것이 아니라, 그의 죄가 누구보다도 먼저 하나님 앞에 지은 것임을 강조하려는 표현입니다.

따라서 용서를 구할 대상이 세상을 떠나고 없다 해도, 우리는 하나님께 대신 용서를 구할 수 있습니다. 또한 자신이 상처를 준 그 사람을 위해 하나님께 축복을 구할 수도 있습니다. 그 사람은 하나님 안에서 여전히 살아 있기 때문입니다. 이러한 기도를 진실하게 반복하면, 언젠가 우리는 당사자에게 직접 용서를 받은 것 같은 평안함을 느끼게 될 것입니다. 나에게 상처를 준 사람이 이미 이 세상 사람이 아닐 경우에도 마찬가지입니다. 부모에게 심한 상처를 받은 사람들 가운데는 부모님이 이미 이 세상에 계시지 않아 용서하고 화해할 수 없는 경우가 적지 않을 것입니다. 그럴 경우에도 하나님께 그 사람을 용서하는 기도를 드릴 수 있습니다.

엘리자베스 퀴블러 로스는 《상실 수업》에서 죽은 사람에게 용서의 편지를 쓰는 것도 좋은 방법이라고 추천합니다.

사랑한 이가 떠나버린 후에라도 그에게 편지를 쓰라. 당신이 어떻게 지내고 그들을 얼마나 그리워하는지 말하라. 자주 찾아가는 것이 불가능할 때는 편지가 멀리 떨어진 무덤까지 대리 여행을 할 수도 있다. 만일 무덤 앞에 있었다면 했을 말들을 편지로 옮기라. 다음에 사랑한 이의 무덤을 찾았을 때 지금껏 쓴 편지를 다 모아 그에게 읽어주면 그 편지들이 결국엔 당신을 위한 것이었음을 깨닫게 될 것이다.

너무 늦은 때는 없다

제가 속한 교단에서 목회자 후보생들을 면접하는 중에 들은 이야기를 하나 나누려고 합니다. 어느 날 나이 서른이 되어 소명을 받고 신학교를 다니면서 목회자의 길을 준비하는 사람을 면접하게 되었습니다. 그의 이름을 '릭' 이라고 해둡시다. 면접을 하던 중에 면접 위원 한 사람이 "혹시 갈등을 겪은 경험이 있다면 말해주십시오"라고 물었습니다. 그러자 릭이 잠시 망설이더니, 아버지와의 관계에 대해 말하겠다고 했습니다. 그의 생부는 지독한 알코올 중독자였습니다. 이에 어머니가 견디다 못해 이혼을 하고 다른 남자와 결혼을 했습니다. 릭은 새아버지의 도움을 입기는 했지만, 자라면서 생부에 대한 증오심이 마음에 쌓였고 언젠가는 생부를 만나 "면상을 깨뜨려주겠다"(릭이 사용한 표현을 그대로 옮긴 것입니다)고 별렀습니다.

그러다 대학을 졸업하고 직장 생활을 하던 중 릭은 회심을 하게 되었습니다. 당시 그는 사설탐정으로 일했는데, 직업이 지닌 특성 때문에 많은 갈등을 하게 되었습니다. 그 갈등과 스트레스가 한데 얽혔다가 어느 날 터져버렸습니다. 고속도로 한가운데 차를 세우고 더는 못 견디겠다는 생각에 삶을 포기하려는 순간, 말로 표현할 수 없는 온기와 위로가 마음에 들어찼습니다. 불가항력적으로 임하신 하나님의 은총이었습니다. 이 은혜로 말미암아 그는 새사람이 되었습니다. 신앙생활을 시작하면서 그는 아버지에 대한 증오심과 씨름했습니다.

그 문제를 두고 기도했습니다. 그렇게 기도하는 동안 아버지의 면상에 주먹을 날리고 싶었던 증오심이 차차 수그러들고, 마침내 아버지를 용서하고 싶은 마음이 생겨났습니다. 그래서 아버지를 수소문했으나 뜻을 이루지 못했습니다.

그러던 중 아버지가 알코올 중독으로 세상을 떠났다는 연락이 왔습니다. 그는 모든 것을 제쳐두고 장례식장으로 달려갔습니다. 살아생전 워낙 사람들에게 많은 고통을 안겨준 탓에 조사弔詞를 하겠다고 나서는 사람이 없었습니다. 릭은 장례식 중간에 손을 들었습니다. 그리고 단상에 나아가 즉석에서 조사를 했습니다. 먼저 아버지 때문에 자기가 받은 상처에 대해 이야기했습니다. 그 상처로 말미암아 마음에 품었던 증오에 대해서도 이야기했습니다. 그리고 하나님의 은혜로 용서하게 되었다고 고백했습니다. 비록 아버지는 숨을 거두었지만 릭은 아버지의 시신 앞에서 눈물로 고백했습니다. 미안하다고, 용서한다고, 편히 잠드시라고!

아버지의 죽음에 대해 들었을 때 릭은 용서의 때를 놓쳤다고 생각했을 것입니다. 너무 늦었다고 생각했을 것입니다. 그러나 장례식장에 섰을 때, 그는 아직 때가 다 지난 것은 아니라는 걸 알았습니다. 그가 아버지의 시신 앞에서 한 고백은 그의 마음에 치유와 크나큰 자유를 선사해주었습니다.

용서하기에 너무 늦은 때는 없습니다. 언제고 용서할 수 있을 때, 그리고 용서받을 수 있을 때, 그때 하면 됩니다. 용서할 사람 혹은 용서받을 사람이 앞에 있다면 그에게 하면 됩니다. 그 사람이 앞에 없다면 하나님 앞에서 하면 됩니다. 어느 무신론자가 죽어가면서 크리스천 친구에게 이렇게 말했다고 합니다. "자네가 부럽네. 자네는 용서해줄 신이 있지 않은가? 나에게는 아무도 없네."

그래서 다시 한 번 말씀드립니다. 용서받고 용서하며 삽시다. 마음에 아무것도 맺힌 것이 없도록, 아무것도 묶인 것이 없도록, 아무것도 비틀린 것이 없도록 용서하며 삽시다. 나로 인해 다른 사람이 눈물짓지 않도록, 나로 인해 다른 사람이 억울해 하지 않도록, 나로 인해 다른 사람이 밤잠 설치는 일이 없도록, 나로 인해 다른 사람의 마음이 눌리지 않도록 용서를 구하며 삽시다. 이 연습을 가정에서부터 시작합시다.

상처와 아픔, 미움과 원한이 박소녀보다 더 많은 인생도 드물 것입니다. 하지만 그녀는 모든 것을 용서하고 살았습니다. 그러기에 떠날 때 아무것에도 붙들리지 않고 "나, 갈라요!"라고 말하며 떠날 수 있었습니다. 반면 그녀의 남편과 시누이는 용서할 것을 용서하지 못하여, 그리고 용서받을 것을 용서받지 못하여, 떠날 때가 되어도 떠나지 못하는 불쌍한 영혼이 되어버렸습니다. 떠날 때가 되어 아무것에도 묶이지 않고 떠나려면 아직 시간이 있는 지금 바로 용서하고 용서받아야 합니다. 임종의 시간에 우리의 발목을 잡는 일은 오직 하나, 용서하지 못한 일 그리고 용서받지 못한 일입니다.

네 번째 이야기를 마무리하며 몇 가지 질문을 던지려 합니다.

이 글을 쓰는 동안 저에게 활동하셨던

성령께서 여러분에게도 활동하셔서 깊은 성찰과

변화로 인도해주시기를 기도합니다.

"나는 나의 잘못을 인정하고 용서를 구하는 일에 얼마나 적극적인가?

갈등 상황에서 '미안하다' 는 말을 먼저 하는 편인가, 하지 않는 편인가?"

"내가 아직 풀지 못한 용서의 숙제는 없는가?

용서의 두 가지 비결을 기억하고 용서를 실천하기 위해 할 일을 찾으라."

"나는 갈등의 원인이 될 때가 많은가,

화해의 원인이 될 때가 많은가?

화해의 사람이 되기 위해 나에게 필요한 것은 무엇인가?"

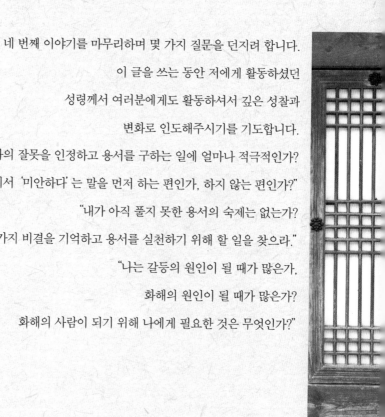

부탁한다는 말에는 상대방에 대한 신뢰와
자신의 한계을 인정하는 겸허한 마음이 담겨 있습니다.

모성이 희망이다
"엄마를 부탁해"

'부탁'이라는 말

《엄마를 부탁해》라는 제목을 신문에서 처음 보았을 때 왠지 좀 어색하다는 생각을 했습니다. 뭔가 어울리지 않는 단어의 조합처럼 느껴졌습니다. 왜 그럴까 생각해보았습니다. 저자가 그것을 의도했는지 어떤지는 모르지만, 이 제목은 보통 사람들이 가진 '엄마 이미지'와 맞지 않기 때문이 아닐까 하는 생각이 들었습니다. 흔히 '엄마' 하면 떠오르는 이미지에 어울리는 말은 '엄마를 부탁해'가 아니라 '엄마에게 부탁해'입니다.

우리네 어머니는 가족들이 온갖 부탁을 해도 기꺼이 다 들어주는 분이었습니다. 이 소설의 주인공 박소녀도 그렇지만, 가난한 시절의 어머니들에게는 불가능한 것이 거의 없어 보였습니다. 특히 자식들이 원하는 것이라면 무엇이든지 만들어내는 마력을 가지고 있었습니다. 자식들이 부탁하는 것은 자신의 살을 베어서라도 만들어내려고 했습니다. 아버지에게는 차마 꺼낼 수 없는 말도 엄마에게는 할 수 있었습니다. 그래서 우리는 언제나 문제가 생기면 '엄마에게 부탁해야지!' 라는 생각을 하고 자랐습니다.

이렇게 보면 저자는 소설의 이야기만이 아니라 제목으로도 독자들에게 은밀하지만 아주 강렬한 메시지를 전하고 있는 셈입니다. 그 메시지는 이렇게 요약할 수 있습니다. "일평생 엄마에게 부탁만 하고 산 당신에게 부탁합니다. 이제는 당신이 엄마를 돌볼 차례입니다. 이미 엄마가 세상을 떠나셨다면, 그분을 잊지 마십시오. 아름다웠던 추억들을 떠올리며 그분을 기억하십시오. 아직 엄마가 살아 계신다면, 엄마를 찾아뵙고 돌보고 감사하십시오. 일평생 어깨에 지웠던 짐들

을 벗겨주시고 그 짐을 나누어 지십시오. 이제는 한 여자로, 한 사람
으로 돌아가 쉴 수 있게 도와주십시오. 당신의 엄마를, 당신께 부탁
합니다."

우리말의 '부탁하다' 라는 단어는 아주 특별한 말입니다. 시집가는
딸을 사위에게 넘겨주며 아버지는 "내 딸, 잘 부탁하네!"라고 말합니
다. 이 말에서 우리는 딸을 향한 아버지의 사랑을 느끼고, 장인으로
서 사위에게 거는 기대와 신뢰를 느낍니다. 또한 '부탁하다' 라는 말
에는 부탁하는 사람이 느끼는 한계가 담겨 있고, 그 한계성을 기꺼이
인정하고 받아들이는 겸허한 마음도 담겨 있습니다. 시집가는 딸을
사위에게 맡기며 "잘 부탁하네!"라고 말할 때, 아버지는 자신의 한계
를 받아들이는 것입니다. 딸을 언제까지고 자신이 데리고 살 수는 없
다는 한계, 딸의 행복을 위해서라면 아프지만 떠나보내야 한다는 한
계, 결혼한 딸의 삶을 아비인 자신이 간섭하거나 통제할 수 없다는
한계를 받아들이는 것입니다. 그 모든 한계를 당연한 것으로 인정하

고 겸허히 받아들일 때, "내 딸을 부탁하네!"라는 말이 나옵니다.

이렇게 보면 '부탁'이라는 말은 참 정겨운 말입니다. 누군가를 누구에게 부탁할 수 있는 사람, 누군가로부터 부탁 받을 수 있는 사람은 '사람다움'이 있는 사람이며 행복한 사람일 것입니다. 무엇을 혹은 누구를 믿고 맡기고 부탁할 대상이 아무도 없다면 참으로 불행한 사람일 것입니다. 자신에게 무엇을 혹은 누구를 부탁하는 사람이 하나도 없다면 그 사람은 인간미 없는 사람일 가능성이 크고, 그래서 불쌍한 사람일 것입니다. '나는 다른 사람에게 신세지지도 않고 다른 사람 일에 관여하지도 않겠다'는 태도가 깔끔해 보이고 능력 있게 들리지만, 그것은 자신을 스스로 고립시키는 불행한 선택일 가능성이 큽니다.

엄마를 부탁해

소설 이야기로 돌아가 보겠습니다. 시골집에 내려온 박소녀의 남편
이 서울에 있는 큰딸과 통화하면서 그동안 엄마에게 있었던 일을 말
해줍니다. 드러내지는 않았지만 작가로 출세한 딸을 엄마가 얼마나
자랑스러워했는지, 미처 글을 다 깨치지 못한 엄마가 딸이 쓴 글을
읽고 싶어 소망원 여직원에게 책을 읽어달라고 부탁했다는 이야기를
전해줍니다. 그러면서 마지막에 아버지는 딸에게 이렇게 말합니다.

"부탁헌다… 니 엄마… 엄마를 말이다."

잃어버린 아내를 향한 남편의 숨은 사랑이 묻어나는 말입니다. 그
러나 이 말에서 우리는 또한 그의 한계를 느낍니다. 잃어버린 아내를
위해 아무것도 할 수 없는 무력감이 그를 짓누릅니다. 그래서 가장
믿음직한 큰딸에게 아내를 부탁하는 것입니다.

큰딸이 로마의 베드로 대성당에서 미켈란젤로의 피에타상을 마주
했을 때, 그녀는 십자가 위에서 죽은 아들을 끌어안고 있는 마리아의

모습에 마음을 빼앗깁니다. 큰딸은 마리아의 모습에서 자기 어머니의 모습을 보았을 것입니다. 마리아는 베들레헴에서 아기 예수를 낳았을 뿐 아니라, 십자가에 달린 메시아도 낳으신 분입니다. 큰딸은 세상의 모든 죄와 악을 흡수하여 새로운 생명을 낳은 십자가의 기적이 예수님의 어머니 마리아에게서 시작되었음을 깨닫습니다. 그리고 그것이 모든 어머니가 보여주는 사랑의 원형임을 깨닫습니다. 그렇게 한참 동안 피에타상에 사로잡혀 있던 큰딸은 성당 밖으로 나오면서 피에타상 앞에서 하고 싶었으나 차마 하지 못했던 말을 독백처럼 내뱉습니다.

"엄마를, 엄마를 부탁해."

신자들의 시각에서 보면 이 마지막 말은 하나님께 드리는 기도에 가깝습니다. 이야기의 흐름상 작가는 큰딸이 피에타상 앞에서 무릎을 꿇고 "신이시여, 제 엄마를, 엄마를 부탁합니다! 제 엄마에게 자비를 베푸소서!"라고 기도하는 장면으로 마무리할 수도 있었을 것입니다. 그렇게 하지 않은 것은 특정 종교의 색채를 진하게 만들고 싶지 않았던 작가의 선택이었던 것 같습니다. 그래서 대신 큰딸이 신의 현존 앞에서 인간의 한계를 깨닫는 동시에 엄마의 사랑이 신의 사랑에 뿌리를 둔 것임을 깨닫고 그 신에게 독백처럼 기도하는 모습으로 마무리했습니다.

한없이 약해지신 아버지가 자신에게 부탁한 엄마. 그러나 자신도 엄마를 위해 할 수 있는 게 아무것도 없어 큰딸은 괴로웠을 것입니다. 그녀는 자신보다 더 큰 누군가에게 마음의 짐을 맡기고 싶었을 것입니다. 하지만 그게 누구인지 알지 못했습니다. 피에타상 앞에 섰을 때, 그녀는 비로소 자신이 의지하고 의뢰할 대상이 누구인지 알았습니다. 큰딸은 그 낯선 초월자에게 어색하지만 절박하게 기도합니다. 우리 엄마를 돌보아달라고….

영적 모성

인간은 홀로 살아갈 수 없는 존재입니다. 서로 의지하고 맡기고 돌보며 살아가지 않으면 안 됩니다. 가정은 서로 믿고 의지하고 부탁하고 부탁받을 수 있는 곳이어야 합니다. 모두 자기 자신을 챙기는 데만 급급하면 가정이 제대로 설 수 없습니다. 이것이 오늘날 가정 붕괴의 주요 원인입니다. 작가는 이 소설을 통해 우리 가정에 모성이 회복되기를 갈망합니다. 과거처럼 한 여성이 모든 희생을 감당하는 방식이 아니라 가족 구성원 모두가 모성을 공유하는 방식으로 회복되기를 원합니다.

알고 보면 성경은 가정의 모성적 차원을 매우 강조하고 있습니다. 신약성경은 지극히 가부장적이고 남성 중심적인 시대에 쓰였음에도 불구하고, 가정의 모성적 성격을 강조하고 있습니다. 부모와 자녀가, 남편과 아내가 서로 돌보고 섬기라고 가르칩니다. 신약성경의 대표적인 가정 지침은 에베소서 5장과 6장에 나옵니다. 남편과 아내에 대한 가르침을 요약하면 "아내들이여 자기 남편에게 복종하기를 주께 하듯 하라"(엡 5:22)는 메시지와 "남편들아 아내 사랑하기를 그리스 도께서 교회를 사랑하시고 그 교회를 위하여 자신을 주심 같이 하라" (엡 5:25)는 메시지로 압축할 수 있습니다.

아내에게 주어진 요청과 남편에게 주어진 요청을 비교해보시기 바랍니다. 어느 쪽의 무게가 더 큽니까? 남편에 대한 요청이 훨씬 더 무겁습니다. 남편에게 주어진 요청, 즉 예수 그리스도께서 교회를 사랑하신 것처럼 사랑하라는 말씀은 마치 어머니 같은 심정으로 아내를 보살피라는 말처럼 들립니다. 교회를 위해 생명을 바치신 그리스도의 사랑은 어머니의 사랑과 닮았기 때문입니다. 아내들에게는 그렇게 말할 필요가 없었습니다. 당시 대부분의 아내들이 이미 그렇게 하고 있었기 때문입니다. 아내에 대한 지침이 세 절(22-24절)에 불과한 반면, 남편에게 준 지침은 아홉 절(25-33절)이라는 사실도 주목해보아야 합니다. 아내들에게는 별로 할 말이 없었다는 뜻입니다. 문제는 가부장적인 제도 안에서 그것을 당연하게 생각하고 살아가는 남편들에게 있었습니다. 그래서 세 배나 많은 지면을 할애하고 있는 것입니다.

아울러 우리는 가정 지침의 대원리를 기억해야 합니다. 21절에 그 원리가 나와 있습니다. "그리스도를 경외함으로 피차 복종하라"(엡 5:21). '복종하다'에 해당하는 헬라어 '휘포타쏘'는 원래 군대 용어인데, 부하가 자신을 상관에게 내어맡겨 필요에 따라 자신을 사용하게 하는 것을 가리킵니다. 따라서 21절의 말씀은 가족 구성원 모두가 서로 필요를 위해 자신을 내어줄 마음가짐으로 살아가라는 뜻입니다. 그런 태도가 가정의 기초라는 말입니다. 아내만 남편에게 일방적으로 그렇게 하라는 말이 아니라, 남편과 아내가 서로 그렇게 하라는 말입니다. 자식만 부모에게 일방적으로 그렇게 하라는 말이 아니라, 자식과 부모가 서로 그렇게 하라는 말입니다. 언제든 무슨 부탁이든 기꺼이 받아 해결해주는 어머니의 역할을 가족 모두가 떠맡으라는 뜻입니다.

이렇게 본다면 여인에게서 나오는 '생물학적 모성'에 만족하지 말고 혹은 그것을 당연시하지 말고, 가족 구성원 모두가 믿음에서 나오는 '영적 모성'을 계발하라는 것이 하나님의 뜻임을 알 수 있습니다. 가정 안에는 물론 부성적인 면도 있어야 하지만, 가정의 기초는 모성적인 사랑과 돌봄입니다. 십자가 위에서 드러난 하나님의 모성적 사랑을 경험하면 이 같은 사랑에 눈을 뜨게 되고, 비로소 옆에 있는 사람을 사랑으로 살피고 그 사람이 필요에 따라 사용할 수 있게 나를 내어주게 됩니다. 이런 변화가 가족 구성원 모두에게 일어나야 합니다.

그런 면에서 오늘날의 가정은 너무나 부성적이라는 생각이 듭니다. 많은 가정의 아버지들이 바깥일에 너무 몰두하거나 지친 나머지 집안일에 관여할 시간도 에너지도 없는 것 같습니다. 그러다 보니 어머니들이 가정에서 아버지의 역할을 대신 떠맡는 경우가 송송 생깁니다. 푸근하게 품어주는 모성은 사라지고 감독하고 닦달하고 징계하는 부성이 가정을 지배합니다. 집안일에 관심 갖는 아버지들이 있다

해도 상황은 그리 달라지지 않습니다. 아버지와 어머니가 합세하여 부성적인 역할에 집중하기 때문입니다. 이렇게 모성이 증발되고 부성만 가득한 가정은 결코 '즐거운 나의 집home, sweet home'이 될 수 없습니다. 안식과 위로와 치유의 품이 존재하지 않는 가정은 가정이기를 포기한 것입니다.

제가 아는 목사님의 이야기입니다. 그분은 약 80명이 모이는 작은 교회를 담임하여 20년 만에 1,000명이 넘는 교회로 성장시켰습니다. 그렇게 열심히 목회하느라 가정에서 자녀들과 함께 지내며 '부성'의 역할을 감당할 시간과 에너지가 없었습니다. 또한 그래서도 안 될 것 같았습니다. 자녀들을 마주할 시간도 많지 않은데, 그 시간마저 자녀들을 감독하고 교훈하고 징계하는 부성의 역할을 하게 되면 관계가 깨질 것 같았습니다. 목사님 부부는 이 문제를 두고 의논한 끝에 역할을 바꾸기로 했습니다. 사모님이 부성의 역할을 맡고, 목사님은 모성의 역할을 맡기로 한 것입니다. 아이들의 학업 상황을 살피고, 필요할 때 잔소리하고, 또 가끔은 질책하는 것을 사모님이 맡고, 목사님은 엄마처럼 모든 것을 품어주고 감싸주는 역할을 했습니다. 이렇게 함으로써 하마터면 증발될 뻔했던 모성을 확보할 수 있었습니다. 이 같은 지혜와 분별력이 오늘날의 가정에 필요합니다.

모성이 충만한 사회

가족끼리 나누는 참된 사랑은 가족 아닌 사람에게까지 흘러가는 특성이 있습니다. 만일 사랑이 가족이라는 울타리를 넘어가지 못하면 그 사랑은 병들었거나 불완전한 것입니다. '가족 이기주의'로 귀착되는 가족 사랑은 참된 사랑이라 할 수 없습니다. 진정한 모성적 사랑은 가정이라는 담을 넘어 바깥으로 흘러넘치게 되어 있습니다.

박소녀, 그녀는 모든 가족을 끝없이 사랑하고 끝없이 용서했습니다. 자기에게 있는 것을 다 퍼주며 사랑했습니다. 그 사랑은 먼저 가족을 위한 것이었지만, 자주 가족의 울타리를 넘어갔습니다. 그 증거 중 하나가 소망원 이야기입니다. 장성한 자식들이 돈을 추렴하여 매달 60만원씩 용돈을 보내오는데, 그녀는 그중에서 45만원을 소망원에 보냈습니다. 아무도 모르게 십 년 동안 한 번도 빠짐없이 해온 일입니다. 뿐만 아니라 자주 그곳에 가서 아이들을 씻기고 청소도 했습니다. 그녀는 소망원 아이들을 친손자처럼 돌보았고, 아이들도 그녀를 친할머니처럼 따랐습니다.

대전에서 중국집을 한다는 태섭의 아이들을 거둬 먹인 이야기도 박소녀의 사랑의 속성을 잘 보여줍니다. 태섭은 나이 들어 자기 밥도 제대로 챙겨 먹지 못하는 노모에게 아이 둘을 맡기고 가버립니다. 아마도 가정이 파탄 난 것 같습니다. 하루는 아이들이 밥을 못 먹고 있는 걸 보고 데려와 아침밥을 먹였더니, 다음날부터 이 아이들이 매일 찾아오기 시작했습니다. 그래도 박소녀는 싫어하거나 귀찮아하는 내색 없이 간식까지 살뜰히 챙겨주었습니다.

박소녀의 사랑의 폭은 이은규 이야기에서 더욱 감동적인 모습으로 나타납니다. 그녀가 그를 만나게 된 연유에 대해서는 이미 말씀드린 바 있습니다. 도둑맞은 밀가루를 찾으러 갔다가 오히려 산모의 해산을 돕고, 산모가 세상을 떴다는 걸 알고는 자기 딸 먹일 젖도 모자라던 때에 갓난쟁이 아이가 삼칠일 될 때까지 하루에 한번은 찾아가 젖을 먹입니다. 자기 자식을 먼저 챙기고 싶은 본능이 그녀에게도 있었지만, 그녀의 사랑은 가족들에게만 머물러 있지 않았습니다. 그렇게 하여 그녀에게 갚을 수 없을 만큼의 사랑의 빚을 진 이은규는 그녀가 외롭고 힘들고 지칠 때마다 의지처가 되어주었습니다.

이렇듯 박소녀의 모성적 사랑에는 울타리가 없었습니다. 자신의 도움이 필요하다 싶은 사람을 만나면 즉시 그 사람이 손자손녀가 되고, 아들딸이 되어버립니다.

제 어머니가 바로 그런 분이었습니다. 어머니에게는 '나'와 '남'의 사이가 그리 멀지 않았습니다. 도시에서 유학하는 자식들을 뒷바라지하느라 당진에서 서울로 인천으로 혹은 대전으로 부지런히 다니셨습니다. 멀미로 고생하기도 하셨지만, 버스가 목적지에 닿기까지 두세 시간 동안 어머니는 주변에 있는 사람들을 무장해제시키고 친구로 만드셨습니다. 아무리 무뚝뚝한 아저씨라 해도 버스에서 내릴 때면 "아주머니, 편안히 가십시오"라는 인사를 나눌 만큼 친숙해지곤 했습니다. 이야기를 나눌 때면, 옆에 있는 자식이 부끄러울 만큼 처음 만나는 사람에게도 집안 이야기를 내어놓습니다. 그러면 상대방도 최면에 걸린 듯 자기 이야기를 술술 풀어놓습니다. 두세 시간 동안 옆에 앉아 있으면서도 말 한번 섞지 않는 남자들의 무뚝뚝함으로는 상상도 할 수 없는 일입니다.

만일 서울이라는 도시에 박소녀나 제 어머니 같은 사람들이 많이 살았더라면, 박소녀는 실종된 지 며칠 되지 않아서 가족의 품으로 돌아왔을 것입니다. 그러나 불행히도 서울은 모성이 완전히 증발된 도시였습니다. 파란 슬리퍼 위에 뼈가 허옇게 드러나는 상처를 입고 방황하는 노인에게 눈길 주는 사람이 별로 없었습니다. 보았다는 사람들은 몇 있었으나 '제대로' 본 사람은 아무도 없었습니다. 그녀를 자기 어머니처럼 생각하고 대한 사람은 하나도 없었습니다. 모두가 제 한 몸만 생각하고 자기만 위하는 사회에서 박소녀는 실종된 것입니다. 그녀의 실종에 대해서는 가족도 책임이 있지만, 이 사회도 책임을 면할 수 없습니다. 그렇게 본다면 이 소설은 모성이 증발된 이 사회에 대한 강력한 고발이 아닐 수 없습니다.

내 가족을 부탁해

우리는 이 같은 비정한 사회에 자신과 가족을 맡기고 살아가야 합니다. 저는 지난 두 해 동안 연거푸 아이들을 대학으로 떠나보냈습니다. 아이를 캠퍼스에 데려다주고 올 때마다 마치 넓고 황량한 광야에 아이 혼자 덩그러니 떨어뜨려놓은 것 같은 느낌이 들었습니다. 요즈음 미국의 대학 캠퍼스가 얼마나 위험천만한 곳입니까? 총격 사건이나 성폭행 같은 물리적 위험도 많고, 정신적 윤리적 문화적 영적 위험도 심각한 수준에 이르렀습니다. 이런 것을 생각하니 누구에게든 "우리 아이를 좀 부탁합니다"라고 말하고 싶은 심정이지만, 그럴 만한 사람이 아무도 없습니다. 별 수 없이 하나님께 기도할 뿐입니다. "아버지, 제 아들을, 제 딸을 부탁합니다."

우리 사회가 모성을 회복하는 것이 얼마나 절실하게 필요하고 중요한지요! 이것을 대개 '사회적 모성'이라고 부르는 것 같습니다. '모성 지수'라는 말을 사용하기도 합니다. 한국 사회는 (이민 사회를 포함하여) 일반적으로 부성 지수가 너무 높습니다. 과거 군사독재 시절에는 말할 것도 없고, 지금도 여전히 모성 지수보다는 부성 지수가 훨씬 더 높아 보입니다. 정부의 미덕이 관리, 감독, 처벌, 통제, 정리, 효율, 질서 등의 기준으로 판단되고 있습니다. 정치 지도자들은 여전히 권위주의에 빠져 있습니다. 고 노무현 대통령이 '바보'라는 별명을 얻은 것은 부성이 강한 우리 사회에서 모성적인 지도력을 사용했기 때문일지 모릅니다.

이념이 문제가 아닙니다. 보수든 진보든 관리보다는 돌봄, 감독보다는 살핌, 처벌보다는 격려, 통제보다는 관용, 정리보다는 조화, 효율보다는 개성, 질서보다는 자율을 미덕으로 삼는 가치관의 전환이 필요합니다. 물론 부성적 요소가 전혀 필요 없다는 뜻은 아닙니다. 어느 정도의 기강과 질서와 원칙은 존중되어야 마땅합니다. 하지만 부성 쪽으로 너무 치우치는 것은 문제입니다. 이런 상황에서는 서로 믿고 의지하고 섬기고 돌보는 사회 분위기를 진작할 필요가 있습니다. 예수께서 "네 이웃을 네 자신과 같이 사랑하라"(마 19:19) 말씀하신 것은 사회적 모성을 바라고 하신 말씀이라 할 수 있습니다. "너희 원수를 사랑하며 너희를 박해하는 자를 위하여 기도하라"(마 5:44)고 말씀하실 때, 예수님은 이 사회가 모성적 사회가 되기를 간절히 열망하셨는지도 모릅니다. "너희가 여기 내 형제 중에 지극히 작은 자 하나에게 한 것이 곧 내게 한 것이니라"(마 25:40)라고 말씀하실 때, 예수님은 모성이 충만한 사회를 생각하셨을 것입니다.

김사인 시인은 우리 사회의 모성의 회복을 갈망하면서 이렇게 노래하고 있습니다.

한 살배기 딸년을 꼭 안아보면

술이 번쩍 깬다 그 가벼운 몸이 우주의 무게인 듯

엄숙하고 슬퍼진다

이 목숨 하나 건지자고

하늘이 날 세상에 냈다 싶다

사지육신 주시고 밥도 벌게 하는가 싶다

사람의 애비 된 자 어느 누구 안 그러리

그런데 소문에는

단추 하나로 이 목숨들 단숨에 녹게 돼 있다고도 하고

미친 세월 끝없을 거라고도 하고
하여 한 가지 부탁한다 칼 쥔 자들아
오늘 하루 일찍 돌아가
입을 반쯤 벌리고 잠든 너희 새끼들
그 바알간 귓밥 한번 들여다 보아라
귀 뒤로 어리는 황홀한 실핏줄들
한 번만 들여다 보아라
부탁한다

_ 김사인, 《딸년을 안고》, 《밤에 쓰는 편지》

굳이 칼을 쥔 사람이 아니라도 모두가 이 부탁에 한 번쯤 귀 기울여
볼 필요가 있습니다. 내 가족을 제대로 보는 것이 다른 사람을 제대
로 보는 길입니다. 내 가족을 제대로 사랑하는 것이 다른 사람을 제
대로 사랑하는 길입니다. 다른 사람을 사랑하는 길로 인도하지 않는

'가족 사랑'은 사이비 사랑입니다. 내 자식 귀하면 다른 자식도 귀한 줄 아는 것이 진품 사랑입니다. 이렇게 참된 사랑이 가정에서 사회로 흘러넘칠 때, 사회적 모성 지수는 서서히 증가할 것입니다. 이 사회가 거대한 가정이 되는 것, 그래서 모든 사람이 서로 식구처럼 대하는 것, 그리하여 서로 살피고 돌보고 섬기며 살아가는 것, 그것이 진실로 '살맛나는 세상', '사람 사는 세상'일 것입니다.

하나님 나라, 그 모성적 사회

'가정에서의 모성 회복' 그리고 '사회에서의 모성 회복'을 생각하면서 믿는 사람으로서 또 하나 생각할 것이 있습니다. 바로 '교회의 모성 회복'입니다: 알고 보면 교회는 근본적으로 '모성 공동체'입니다. 모성적 사랑이 교회의 기초라는 뜻입니다.

여기서 생각해보아야 할 성경 이야기가 하나 있습니다. 예수께서 십자가에 달려 돌아가시기 전에 십자가 아래 있던 어머니 마리아와 제자 요한에게 말씀하신 장면이 그것입니다. 십자가에 달려 물과 피를 다 쏟으시면서 죽음의 언덕을 넘어가고 있던 예수님은 비통하게 울고 있는 어머니를 보시고 또한 그 옆에 있던 제자 요한을 보셨습니다. 그리고는 말씀하셨습니다. "보소서 아들이니이다"(요 19:26). 이어서 예수님은 사랑하는 제자 요한에게 말씀하셨습니다. "보라 네 어머니라"(요 19:27). 이는 곧 "요한, 내 어머니를 부탁하네"라는 뜻입니다.

성경을 보면 예수님에게는 동생들이 있었습니다. 야고보라는 동생은 사도들과 함께 초대 교회의 기둥으로 활동했고, 신약성경 후반부에 있는 짧은 편지 '유다서'도 예수님의 동생이 쓴 것으로 되어 있습니다. 누이들도 있었습니다. 예수님이 아니라도 어머니를 돌볼 동생들이 있었다는 말입니다. 하지만 예수님은 제자 요한에게 어머니를 부탁합니다. 그리고 그날부터 요한이 예수님의 어머니 마리아를 집에 모셨다고, 요한복음 19장 27절은 말하고 있습니다.

이 사건을 통해 예수님은 새로운 가족을 만드신 것이나 다름없습니다. 혈연을 뛰어넘는 가족을 새로 구성하신 것입니다. 바로 이것이 교회의 원형이라 할 수 있습니다. 우리가 세례를 받고 한 교회의 교인이 될 때, 우리는 새로운 가정을 얻는 것입니다. 아니, 잃어버렸던 원래의 가정으로 '복귀'하는 것입니다. 예수 그리스도를 주님으로 고백하는 모든 이들이 창조주 하나님을 아버지로 모시고 살아가는 영원한 가정으로 '귀향'하는 것입니다. 하나님의 아버지 되심이 제 육친의 아버지 됨보다 더 근원적이고 영원하듯, 혈연으로 맺어진 가정보다 믿음으로 맺어진 가정, 즉 교회가 더 근원적이고 영원합니다. 여기서 말하는 '교회'는 개체 교회(혹은 '가시적 교회')를 가리키는 것이 아니라 하나님 안에 살아 있는 모든 믿는 자의 교회('불가시적 교회' 혹은 '거룩한 공회')를 가리킵니다. 지금 우리가 다니는 교회는 시공간을 초월하여 존재하는 이 영원한 교회('하나님 나라')의 모형입니다.

하나님 나라, 즉 '영원한 교회'는 우리가 영원히 살아갈 참된 가정입니다. 이 영원한 가정에 대한 성경의 묘사를 보면, 그곳은 모성적 사랑이 충만한 곳입니다. 대표적인 예가 이사야 11장 6~9절에 나오는 예언입니다.

그 때에 이리가 어린 양과 함께 살며

표범이 어린 염소와 함께 누우며

송아지와 어린 사자와 살진 짐승이 함께 있어

어린 아이에게 끌리며

암소와 곰이 함께 먹으며

그것들의 새끼가 함께 엎드리며

사자가 소처럼 풀을 먹을 것이며

젖 먹는 아이가 독사의 구멍에서 장난하며

젖 뗀 어린 아이가 독사의 굴에 손을 넣을 것이라

내 거룩한 산 모든 곳에서
해 됨도 없고 상함도 없을 것이니
이는 물이 바다를 덮음 같이
여호와를 아는 지식이
세상에 충만할 것임이니라

이 같은 꿈이 현실이 된 곳, 그곳이 바로 하나님의 나라요 영원한 교회입니다. 그곳은 사랑이 충만한 가정과 같고, 함께 사는 사람들이 서로를 모성적 사랑으로 돌보는 곳이 될 것입니다. 이 같은 꿈을 요한계시록 21장 3~4절에서도 볼 수 있습니다.

보라
하나님의 장막이 사람들과 함께 있으매
하나님이 그들과 함께 계시리니

그들은 하나님의 백성이 되고

하나님은 친히 그들과 함께 계셔서

모든 눈물을 그 눈에서 닦아 주시니

다시는 사망이 없고

애통하는 것이나 곡하는 것이나

아픈 것이 다시 있지 아니하리니

처음 것들이 다 지나갔음이러라

하나님의 나라 즉 영원한 교회에서 하나님은 마치 어머니와 같이 모든 자녀들을 품어 안으십니다. 그 나라에서는 이제 부성적인 권위와 훈계, 징계와 훈련이 필요 없습니다. 모성적인 사랑만 있으면 됩니다. 그곳에는 "물이 바다를 덮음 같이 여호와를 아는 지식이 세상에 충만할 것"(사 11:9)이기 때문입니다. 부성으로 이루고자 하는 일이 그곳에서는 이미 완성되어 있습니다. 따라서 모성만이 충만합니다. 서로 섬기고 사랑하는 것이 하나님 나라, 즉 영원한 교회 안에서 살아가는 방법입니다.

모성적 지도력

앞에서 언급했듯 우리가 지금 몸담고 있는 교회는 하나님 나라, 즉 영원한 교회의 축소판이요 모형이라고 할 수 있습니다. 교회는 장래에 하나님 나라에서 경험하게 될 것을 지금 앞당겨 체험하게 해주는 곳입니다. 미래에 하나님 나라 안에서 축하하게 될 것을 미리 축하하는 모임입니다. 이 땅의 교회 안에는 참되게 믿는 사람과 그렇지 않은 사람이 섞여 있기 때문에 결코 완전할 수 없습니다. 하지만 영원한 교회를 생각하고 성령의 능력에 힘입어 그 모습을 닮아가기 위해 노력합니다. 하나님 나라의 속성을 귀중히 여기고 그 속성이 한껏 피어나도록 힘씁니다. 하나님 나라가 모성적인 사회라면, 이 땅의 교회

역시 모성적인 사회가 되어야 하기 때문입니다.

예수께서 예루살렘에 가까이 이르렀을 때, 제자들 중 야고보와 요한이 따로 뵙고 특혜를 청합니다. 장차 새로운 나라를 세울 때 자기 형제를 가장 중요한 자리에 앉혀달라는 것이었습니다. 나중에 이 사실을 안 다른 제자들이 그 형제에게 분개합니다. 그러자 예수께서 이렇게 말씀하십니다. "이방인의 집권자들이 그들을 임의로 주관하고 그 고관들이 그들에게 권세를 부리는 줄을 너희가 알거니와"(막 10:42). 세속 사회에 부성이 득세하고 있음을 지적하신 것입니다. 이에 반하여, 제자들이 이 땅에서 이루어야 할 하나님 나라의 모형인 교회는 다음과 같아야 한다고 말씀하십니다.

"너희 중에는 그렇지 않을지니 너희 중에 누구든지 크고자 하는 자는 너희를 섬기는 자가 되고 너희 중에 누구든지 으뜸이 되고자 하는 자는 모든 사람의 종이 되어야 하리라"(막 10:43~44).

그리고 당신 자신에 대해 이렇게 말씀하십니다.

"인자가 온 것은 섬김을 받으려 함이 아니라 도리어 섬기려 하고 자기 목숨을 많은 사람의 대속물로 주려 함이니라"(막 10:45).

이는 교회가 하나님 나라의 모형으로서 모성에 기초한 공동체가 되어야 한다는 사실을 강조하신 것입니다. 지상 교회의 구성원들은 아직 불완전한 존재들이므로 부성적인 기능과 성격이 어느 정도 필요합니다. 하지만 교회 공동체의 기초는 모성이어야 합니다. 그래서 예수님도 이 공동체를 위해 낮아져서 섬기고 자신의 목숨까지 내어주는 '모성적 지도력'을 택하셨습니다. 물론 예수님에게도 '부성적 지도력'이 있었습니다. 때로는 준엄하게 경고하기도 하고 통렬하게 비판하기도 하셨습니다. 가르치고, 책망하고, 훈련하는 일도 하셨습니다. 하지만 이것이 그분의 지도력의 근본적인 성격이라고 할 수는 없습니다. 예수님의 지도력은 근본적으로 모성에 기반을 두고 있었습니다. 낮아져서 섬기고, 팔 벌려 보듬어 안고, 함께 눈물 흘리는 지도력이었습니다.

예수님의 모성적 지도력은 초대 교회의 지도자들에게 그대로 전수되었습니다. 바울 사도는 갈라디아에 사는 교인들에게 이렇게 말한 적이 있습니다. "나의 자녀들아 너희 속에 그리스도의 형상을 이루기까지 다시 너희를 위하여 해산하는 수고를 하노니"(갈 4:19).

데살로니가전서에서는 또 이렇게 말합니다.

"우리는 그리스도의 사도로서 마땅히 권위를 주장할 수 있으나 도리어 너희 가운데서 유순한 자가 되어 유모가 자기 자녀를 기름과 같이 하였으니 우리가 이같이 너희를 사모하여 하나님의 복음뿐 아니라 우리의 목숨까지도 너희에게 주기를 기뻐함은 너희가 우리의 사랑하는 자 됨이라. 형제들아 우리의 수고와 애쓴 것을 너희가 기억하리니 너희 아무에게도 폐를 끼치지 아니하려고 밤낮으로 일하면서 너희에게 하나님의 복음을 전하였노라"(살전 2:7-9).

바울 사도는 바로 이어서 자신의 부성적 지도력을 언급함으로써 균형을 잡고 있지만(살전 2:11-12), 그의 목회 지도력은 모성적인 특징이 강했습니다. 개인마다 성격의 차이가 없지 않았지만, 초대 교회 지도자들은 일반적으로 모성적 지도력이 더 강했다고 할 수 있습니다. 그래서 초대 교회에서는 여성들이 지도자로 활동한 예가 많았습니다. 바울이 빌립보서를 쓸 당시만 해도 빌립보 안에 있는 교회들은 유오디아와 순두게 같은 여성들이 이끌고 있었습니다.

그러나 불행하게도 초대 교회에서 고대 교회(대략 주후 150년 이후)로 넘어가면서 남성들이 교회 지도력을 독점하고 부성적 지도력을 강화했습니다. 중세 교회에서는 이것이 더 공고해졌습니다. 교회는 일사불란한 중앙집권제의 기틀을 마련하고, 통제와 감시와 징계 기능을 중심으로 교권 조직을 체계화했습니다. 그 결과 교회 지도자들의 부성적 지도력은 신자들을 질식시킬 정도가 되었습니다. 당시에 일어난 수도원 운동은 이 같은 억압적 교권으로부터 해방되기 위한 탈출구였습니다. 16세기에 일어난 종교 개혁으로 이 문제가 어느 정도 개선되기는 했지만, 근본적인 변화는 일어나지 않았습니다. 그것이 지금까지도 한국 교회의 특징이 되고 있는 것은 참으로 안타까운 일입니다. 여성의 목사 및 장로 안수를 허용하지 않는 교단이 아직도 많고, 그것을 허용하는 교단에서조차 모성적 지도력은 찾아보기 어렵습니다.

모성이 충만한 교회

모성적 지도력이 예수 그리스도에게서 사도들에게 전해진 전통이라면 거기에는 분명 뜻이 있을 것입니다. 교회의 삶이 본질상 가정과 같고, 가정에서 모성에 기초를 둔 살핌과 돌봄이 중요하듯 교회에서도 그러하다면, 교회가 교회의 성격을 분명히 하고 사명을 다하기 위해서는 지도자들의 모성적 지도력이 더 강해져야 합니다. 이것은 여성 목회자들을 더 많이 확보하는 것만으로 해결될 문제가 아닙니다. 앞에서도 자주 지적한 것이지만 모성은 여성만의 전유물이 아닙니다. 남성이든 여성이든 모성적 지도력의 중요성에 눈을 뜰 필요가 있습니다.

또한 모성적인 사랑과 살핌과 돌봄은 교회 지도자들에게만 요청되는 미덕이 아닙니다. 믿는 사람이라면 누구나 여기에 눈을 떠야 합니다. 세례를 받고 한 교회의 삶에 참여하게 되면, 서로 믿고 의지하고 섬기며 돌보는 영적 가정의 일원이 되는 것입니다. 따라서 교회 안에서 모성적 사랑을 경험하고 배워 실천해야 합니다. 그래서 갈라디아 교인들에게 바울 사도는 이렇게 권면합니다.

형제들아 너희가 자유를 위하여 부르심을 입었으나 그러나 그 자유로 육체의 기회를 삼지 말고 오직 사랑으로 서로 종 노릇 하라. _갈 5:13

너희가 짐을 서로 지라 그리하여 그리스도의 법을 성취하라. _갈 6:2

그러므로 우리는 기회 있는 대로 모든 이에게 착한 일을 하되 더욱 믿음의
가정들에게 할지니라. _ 갈 6:10

그리스도인들은 '하나님 나라'라는 가정에 새로 태어난 사람들입니다. 그래서 베드로전서에 이런 말씀이 나옵니다. "너희가 거듭난 것은 썩어질 씨로 된 것이 아니요 썩지 아니할 씨로 된 것이니 살아 있고 항상 있는 하나님의 말씀으로 되었느니라"(벧전 1:23). 믿는 사람들은 하나님의 영원하신 말씀으로 교회 안에서 다시 태어났습니다. 교회 안에서 한 식구가 되는 것입니다. 이것은 단순한 상징이나 비유가 아닙니다. 믿음을 나눈 영적 가정이 피를 나눈 생리적 가정보다 훨씬 더 가깝고 힘이 되는 경우가 왕왕 있습니다. 이것은 훈련이나 교육이나 조직으로는 이룰 수 없는 일입니다. 오직 모성적인 사랑과 돌봄으로만 가능합니다.

이런 점에서 오늘날 한국 교회를 보면 아쉬움이 많습니다. 저도 한

교회를 섬기는 사람이니 다른 교회에 대해 말할 용기가 나지 않습니다. 다만, 안타까운 심정만은 나누고 싶습니다. 사실 이 점에서는 미국 교회도 마찬가지입니다. 소위 '잘 된다'는 교회들이 영감 있는 찬양이나 탁월한 설교에 매력을 느끼고 모였다가 흩어지는 모임이 되어버린 것 같습니다. 그렇지 않은 교회들은 그저 습관적으로 모여 '모두 앞만 바라보고' 예배를 드린 다음 다시 뿔뿔이 흩어져 각자 삶의 현장으로 돌아가는 형편입니다. 믿는 사람들 사이에 영적인 사귐이 아예 존재하지 않거나 존재한다 해도 그 사귐이 깊지 못한 경우가 대부분입니다. 서로 식구로 여기고 돌보는 관계가 형성되어 있는 예를 좀처럼 보기 어렵습니다.

목회 현장에 있는 사람으로서 저는 이것이 얼마나 어려운 일인지 잘 알고 있습니다. 이 같은 깊은 사귐이 있으려면 많은 노력이 필요합니다. 그래서 저도 늘 한계를 느끼며 목회하고 있습니다. 하지만 그 방향만큼은 잃지 않으려 하고, 그것을 향한 의지만큼은 늘 굳건하게 유지하려고 애쓰고 있습니다.

이 땅에 있는 교회는 늘 불완전한 상태에 머물 수밖에 없습니다. 모조품은 모조품일 따름입니다. 하지만 모조품으로서 진품에 가까워지려는 노력을 멈추어서는 안 됩니다. 모성이 충만한 하나님 나라를 늘 마음속에 그리며, 그것을 내가 속한 교회에서 현실로 이루기 위해 힘써야 합니다. 바로 여기에 교회 갱신의 열쇠가 있습니다.

하나님 어머니?

하나님의 나라와 그 모형인 이 땅의 교회가 근본적인 특징에서 모성적인 이유는 '하나님의 모성' 때문입니다. 사실상 이 부분은 매우 조심스러운 부분입니다. 요즈음 하나님의 모성을 강조하는 사람들이 부쩍 많아졌기 때문입니다. 많아지는 것은 좋은데, 그들의 주장에 문제가 있다는 것이 문제입니다. 예컨대, '하늘 어머니를 믿는 하나님의 교회' 혹은 '안상홍증인회' (약칭 '안증회')에 소속된 신도들은 하나님의 모성을 강조합니다. 이들은 기독교라는 이름을 내세우기는 하지만, 정통 기독교가 인정할 수 없을 만큼 차이가 크고 많습니다. 따라서 제가 하나님의 모성을 강조한다고 해서 그들의 의견에 동조하고 있다고 오해하지는 마시기 바랍니다.

제 말은 '하나님 어머니' 라는 호칭을 공공연히 사용하자는 뜻이 아닙니다. 다만 기독교 전통이 제대로 인식하지 못한 하나의 측면을 제대로 알아주자는 것입니다. 고대와 중세 이후, 교회와 교권이 부성 쪽으로 기울어지면서 하나님의 모성적 차원이 간과되어 왔습니다. 인간에게는 모성과 부성, 양성이 모두 주어져 있다는 것이 현대 정신분석학의 발견입니다. 이것은 하나님께서 인간에게 부여하신 그분의 '형상' 의 일부일지 모릅니다. 즉 하나님에게도 모성과 부성이 공존하고 있다는 것입니다. 하나님을 '아버지' 라고 부를 때, 그것이 그분의 성 정체성을 의미하는 것은 아니라는 사실에 이의를 제기할 사람은 별로 없을 것입니다.

하나님은 남성도, 여성도 아닙니다. 하나님은 그 모든 것을 포괄하고 또한 초월하시는 분입니다. 그러므로 그분에게서 부성적인 측면과 모성적인 측면을 함께 발견하는 것은 어렵지 않은 일이며, 또한 이상한 일도 아닙니다. 구약성경과 신약성경을 주의 깊게 들여다보면 하나님의 모성에 대한 표현이 적지 않습니다. 이사야 선지자를 통해 하나님은 이렇게 말씀하십니다. "여인이 어찌 그 젖 먹는 자식을 잊겠으며 자기 태에서 난 아들을 긍휼히 여기지 않겠느냐. 그들은 혹시 잊을지라도 나는 너를 잊지 아니할 것이라"(사 49:15). 또 다른 곳에서는 이렇게 말씀하십니다. "어머니가 자식을 위로함 같이 내가 너희를 위로할 것인즉 너희가 예루살렘에서 위로를 받으리니"(사 66:13). 시편 기자 역시 하나님의 사랑이 젖 뗀 아이를 품고 있는 어머니의 사랑(시 131:2)과 같다고 노래합니다.

신약성경에서도 마찬가지입니다. 특히 예수님의 말씀은 하나님의 모성적인 이미지를 많이 담고 있습니다. 대표적인 예가 누가복음 15장에 나오는 '돌아온 탕자 비유' 입니다. 이 비유에 나오는 아버지는 우리가 알고 있는 아버지 이미지와는 많이 달라 보입니다. 죽을 날이 가까운 것도 아닌데 자기 몫의 유산을 달라는 자식에게 그대로 내주는 것도 그렇고, 그 유산을 모두 허비하고 거지가 되어 돌아온 자식을 환영하고 잔치를 베푸는 것도 그렇고, 작은 아들에 대한 아버지의 처사에 분노한 큰아들을 찾아가 달래는 것도 그렇습니다. 우리의 아버지들이라면 가당치 않은 일입니다. 하지만 어머니라면 충분히 그러고도 남을 것입니다. 그러므로 '탕자의 비유' 에 나오는 아버지는 '어머니 같은 아버지' 라 할 수 있습니다.

부성적 성향이 강했던 당시 유대인들이 예수님을 배척한 이유 중 하나가 바로 여기에 있었습니다. 예수께서 가르치시는 하나님의 사랑이 그들 보기에 지나치게 모성적이었기 때문입니다. 그분은 하나님의 진노와 심판을 말하기보다는 용서와 은혜, 사랑과 자비를 더 강조했습니다. 부성적 정서로는 결코 접촉할 수 없는 사람들을 친구로 삼고 함께 식탁을 나누었습니다. 세리, 창녀, 고아, 과부, 그리고 가난하고 무지하여 율법을 지킬 수 없는 사람들을 대할 때, 예수님은 율법적인 잣대를 들이밀지 않으셨습니다. 오히려 하나님의 자비와 은혜로 그들을 대하셨습니다. 이 모든 말씀과 행동의 뿌리는 하나님을 모성적으로 경험한 예수님의 체험에 있다고 할 수 있습니다. 하지만 바리새인들과 사두개인들은 예수님의 가르침을 매우 위험하게 보았습니다. 그렇게 '약한 하나님'으로는 백성을 통제하고 관리할 수 없을 것 같았기 때문입니다.

하나님의 모성적 사랑이 가장 잘 드러난 곳이 예수님의 십자가입니다. 십자가에서 드러난 하나님의 사랑에 대해서는 이미 두 번째 이야기에서 충분히 다루었습니다. 여기에서는 다만 그 사랑이 어머니의 희생적 사랑을 닮았다는 사실을 지적하는 것으로 만족하겠습니다. 인간의 죄의 문제를 해결하는 방법은 두 가지밖에 없었습니다. 하나는 모든 인간을 각자의 죄에 따라 심판하고 징벌하는 방법입니다. 하나님의 부성은 이 방법으로 기울어졌을 것입니다. 다른 하나는 모든 인간의 죄를 끌어안는 방법입니다. 죄를 지은 자식을 끌고 가는 형사에게 "다 내 죕니다. 차라리 저를 끌고 가십시오"라고 말하는 어머니의 심정으로 하나님은 스스로 십자가에 달리신 것입니다.

교회는 이 같은 하나님의 모성적 사랑으로 잉태되었습니다. 그러므로 교회는 본질상 모성적 공동체입니다. 교회가 살아가는 방법도 모성적 사랑이어야 하며, 교회가 세상에 전할 복음도 십자가에서 드러난 하나님의 모성적 사랑입니다. 이 사랑을 통해 사람들이 하나님을 참되게 알게 하고, 그 사랑을 이 사회 안에 더 깊게 더 널리 퍼뜨리는 것이 전도요 선교입니다. 따라서 우리 사회가 모성적 사회가 되어야 한다면, 교회가 본질을 되찾아 모성적 공동체로 회복되는 것이 우리 사회의 희망이라 할 수 있습니다.

이제 우리는 이 소설이 던져준, 그리고 성경 말씀이

우리에게 확인시켜준 커다란 과제 하나를 품어 안아야 합니다.

'모성의 회복' 이 그것입니다. 가정에 모성이 회복되도록,

사회에 모성이 회복되도록, 교회가 모성 공동체로 든든히 서도록

우리가 할 수 있는 일을 해야 합니다. 우리가 속한 공동체를 통해

어머니에게서 느꼈던 따뜻한 품과 온화한 미소,

조용한 희생을 느낄 수 있게 해야 합니다.

그러려면 먼저 십자가 위에서 드러난 하나님의 모성적인

사랑을 깊이 경험하고 그 사랑 안에서 자라

가정과 교회와 사회에서 만나는 모든 사람을 하나님의 사랑으로

대할 수 있도록 힘써야 합니다.

이제 다섯 번째 이야기를 마치며 몇 가지 질문을 던지려 합니다.

이 질문이 여러분을 더 깊은 성찰과 깨달음으로 인도하기를 바랍니다.

"내 가정은 얼마나 모성적인가?
내가 행하는 사랑은 얼마나 모성적인가?
내 가정은 모성애와 부성애가 조화를 이루고 있는가?"
"우리 사회가 얼마나 부성화되었다고 느끼는가?
우리 사회의 모성화를 위해 내가 할 일은 무엇인가?"
"내가 속한 교회는 얼마나 모성적 사랑으로 충만한가?
교회의 모성 지수를 높이기 위해 내가 할 일은 무엇인가?"

이 질문으로 묵상하는 가운데
이 글을 쓰는 동안 제게 역사했던 성령께서
여러분에게도 역사하시길 기도합니다

다섯 편의 이야기를 잘 읽어주셔서 감사합니다. 유익하고 즐거운 독서 경험이었기를 바랍니다. 이야기를 마무리하면서 신경숙 작가에게 다시 한 번 깊은 감사를 드립니다. 앞으로도 좋은 작품을 기대하겠습니다. 알게 모르게 우리는 모두 하나님의 손에 붙들려 사는 존재들입니다. 그러므로 신경숙 작가의 손에서 나오는 글들이 영원한 진리와 참된 사랑을 전하는 도구로 사용되기를 바랍니다.

섬기는 와싱톤한인교회 교우들에게도 깊은 감사의 말씀을 드립니다. 저는 참으로 행복한 목사입니다. '소설 가지고 설교하는 것'을 허용할 뿐 아니라 온 교우가 그것을 위해 기도하고 격려해주었기 때문입니다. 어느 교우가 다른 교회에 다니는 친구에게 '소설 가지고 설교한다는' 이야기를 했더니 얼마 후에 "너희 목사, 아직 쫓겨나지 않았니?"라고 묻더랍니다. 이 이야기를 듣고 제가 얼마나 행복한 목사인지를 새삼 확인했습니다. 너그러운 교우들이 아니었다면 이 글은 세상에 나오지 못했을 것입니다.

제 가족에게도 감사의 말을 전합니다. 무엇보다도 제 어머니께 감사드립니다. 박소녀 이야기를 읽으며 꼭 제 어머니 이야기를 읽는 것 같았습니다. 그래서 많이 울었습니다. 그만큼 제 어머니도 희생적이고 헌신적인 분이셨습니다. 이제는 뇌경색의 후유증으로 점점 기억이 흐려지고 애기처럼 되셨습니다. 제가 외국에 있는 탓에 자주 찾아뵙지도 못하니 더더욱 마음이 짠합니다. 이 책이 어머니에게 드리는 사랑의 선물이 되기를 바랍니다. 또한 사랑하는 아버지께도 존경과 감사를 표합니다. 저희 형제들은 생활기록부에 '존경하는 인물'을 적는 란에 언제나 '아버지'라고 썼습니다.

제 몫의 효도를 나누어 감당하고 있는 세 형제들에게도 늘 감사한 마음입니다. 제 이내와 아들 민우, 딸 애린에게도 특별한 사랑의 마음을 전합니다. 적어도 가정에 관한 한 저는 특별한 축복을 받은 사람입니다. 부족함 없는 사랑을 받고 자랐고, 또한 지금도 그렇게 살고 있으니 말입니다. 그들에 대한 저의 사랑을 확인하고 또한 앞으로도 변함없기를 기도합니다.

플로리다 게인즈빌 한인교회에서 이 내용을 가지고 수양회를 인도한 적이 있습니다. 거기서 만난 어떤 분이 제게 이런 말씀을 하셨습니다. "목사님, 목사님의 설교를 들으면서 저 자신을 돌아보았습니다. 저는 물질적으로 참 가난하게 자랐거든요. 그런데 지금까지 스스로 가난하다고 느껴본 적은 없었던 것 같아요. 왜 그럴까 생각해보았는데, 아마도 어머니에게 받은 사랑 때문이었던 것 같습니다. 제 어머니도 참 대단하셨거든요. 그런 사랑을 받고 자랐기 때문에 물질적으로 궁핍한 가운데서도 가난하다는 느낌 없이 자랐던 것 같습니다."

이 분의 말을 들으며 참 많이 공감했습니다. 저도 그랬던 것 같습니다. 그래서 저를 아는 모든 분에게 감사드립니다. 이 글이 우리 사회에서 멸종 위기를 맞고 있는 진품 사랑을 회복시키는 데 조금이라도 도움이 되기를 기도하면서 이만 줄입니다. 여기까지 인도하신 하나님께 감사를 드립니다.

그룹 스터디 가이드

　　이 책을 소화하고 내 것으로 만들기 위해 그룹 스터디로 모이는 것은 매우 유익합니다. 각 장 끝에 있는 '묵상의 씨앗'을 보면, 세 가지 질문이 제시되어 있습니다. 이 질문들을 '혼자' 생각하고 묵상하는 것보다 다른 사람들을 만나 대화를 나누는 것이 더 깊고 풍성한 열매를 맺을 거라고 생각합니다. 일방적인 강의나 설교를 통해 마음에 변화가 일어나기도 하지만, 서로 믿고 마음을 터놓을 때 더 깊은 변화가 일어나기 때문입니다. 그룹 스터디를 하려는 사람들은 다음의 안내를 따라가면 좋겠습니다.

★ 전체 여섯 번의 모임을 계획한다.

★ 모임 시간은 참여 인원에 따라 한 시간 내지 두 시간 정도로 정한다.

★ 참여 인원은 5명에서 10명 사이로 한정한다. 그룹 스터디의 초점이 나눔에 있으므로 인원을 제한할 필요가 있다. 참여 인원이 10명을 넘을 경우 '나눔' 시간에 5명 내외의 소그룹으로 그룹을 나누는 것이 좋다.

★ 첫 모임을 가지기 전에 참여자들에게 《엄마를 부탁해》를 읽도록 미리 공지한다. 첫 번째 모임에서는 《엄마를 부탁해》를 읽은 소감을 나누는 것에 초점을 맞춘다. 진행은 다음과 같이 한다.

하나님의 임재를 구하는 기도 • 2분

찬양 • 5분

대표기도 • 3분

지난 한 주간의 삶 나누기 • 20분

《엄마를 부탁해》 독후감 나누기 • 1시간 20분

나눔을 마무리하는 묵상기도 • 3분

하나님의 은혜를 구하는 통성기도 • 3분

다음 주 과제 소개와 찬양 • 5분

평화의 인사 • 2분

★ 두 번째 모임부터는 각 장에 나오는 '묵상의 씨앗'을 토대로 의견과 소감을 나눈다. 나눌 때는 인도자가 '시간 지킴이'를 선정하여 한 사람의 이야기가 3분을 넘지 않도록 한다. 3분을 넘어가면 일단 중단했다가 다른 사람들이 말한 다음에 다시 기회를 준다.

각 모임은 다음과 같이 진행할 수 있다.

하나님의 임재를 구하는 기도 • 2분

찬양 • 5분

대표기도 • 3분

지난 한 주간의 삶 나누기 • 20분

'묵상의 씨앗' 나누기 • 1시간 20분

나눔을 마무리하는 묵상기도 • 3분

하나님의 은혜를 구하는 통성기도 • 3분

찬양 • 5분

평화의 인사 • 2분

부록
수양회 가이드

수양회에서 이 책을 사용할 수도 있습니다. 이 책의 내용으로 수양회를 몇 차례 인도했는데 모두 좋은 결실을 얻었습니다. 지나치게 기능적인 측면으로 기울어지는 '가정 세미나' 형식의 수양회와 달리 근본적인 문제를 붙들고 집중적으로 씨름하게 하기 때문입니다. 2박 3일의 수양회라면 다음과 같은 방식으로 진행할 수 있습니다.

★ 수양회를 시작하기 한 달 전에 참가자들이 《엄마를 부탁해》를 읽게 한다. 수양회 인도자는 이 책을 소화하고 자신의 것으로 만들어 약 1시간 정도의 강의를 준비한다. 강의 전 이 책의 내용을 근거로 한 것이라는 사실을 참가자들에게 밝힌다. 자신의 독특한 경험에서 우러나온 좋은 예들을 첨가하면 더 좋은 강의를 할 수 있다.
★ 참가자들을 5명 내외의 소그룹으로 나누어 강의 후 나눔의 시간을 갖게 한다. 소그룹에서는 각 장 끝에 나와 있는 '묵상의 씨앗'을 토대로 자유롭게 나누고 교제한다.

★ 수양회 형식은 다음과 같이 할 수 있다. 수양회는 세 가지 요소로 구성된다. 강의, 소그룹 나눔, 개인 묵상과 기도. 이는 필자가 섬기는 교회에서 영성 수양회를 인도할 때 사용하는 방법으로 매우 단순하지만 좋은 결실을 많이 맺어왔다.

첫째 날 저녁

여는 예배 • 30분

휴식

강의 • 1시간

소그룹 나눔 • 1시간 30분

개인 묵상과 기도 • 1시간 이상 자유롭게

취침

둘째 날

오전

찬양 • 30분

강의 • 1시간

소그룹 나눔 • 1시간 30분

개인 묵상과 기도 • 1시간 이상 자유롭게

오후

찬양 • 30분

강의 • 1시간

소그룹 나눔 • 1시간 30분

개인 묵상과 기도 • 1시간 이상 자유롭게

셋째 날

오전

찬양 • 30분

강의 • 1시간

소그룹 나눔 • 1시간 30분

개인 묵상과 기도 • 1시간 이상 자유롭게

마치는 예배

내 거룩한 산 모든 곳에서 해 됨도 없고 상함도 없을 것이니 이는
물이 바다를 덮음 같이 여호와를 아는 지식이 세상에 충만할 것임이니라.

_ 사 11:9